LES

PRUSSIENS EN NORMANDIE

ROUEN. — IMPRIMERIE DE LÉON BRIÈRE.

DESSOLINS

LES PRUSSIENS

EN

NORMANDIE

OCCUPATION DE GOURNAY, VERNON, ÉVREUX, GISORS, ROUEN,
ELBEUF, SAINT-ROMAIN, BOLBEC, ETC.

Combats de Bizy, Villegast, le Thil, Étrépagny, Buchy, Moulineaux,
Bosc-le-Hard, Bolbec, Saint-Romain, etc.

QUATRIÈME ÉDITION

AUGMENTÉE

D'UNE CARTE DE L'INVASION & DE NOMBREUX DOCUMENTS

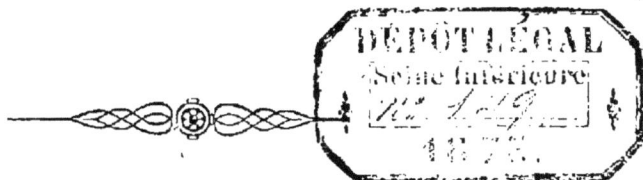

PARIS

ANDRÉ SAGNIER
ÉDITEUR
9, rue Vivienne, 9

ROUEN

E. SCHNEIDER
LIBR.-ÉDITEUR
26, rue Jeanne-Darc, 26

1873

Nous présentons aujourd'hui au public une nouvelle édition des *Prussiens en Normandie*. Ce n'a pas été, disons-le, sans quelque hésitation que nous nous sommes décidé à le faire, si vivement qu'on nous y poussât, d'ailleurs.

Les événements de la funeste époque dont notre livre entretient le lecteur sont, en effet, tellement revêtus du caractère quasi antique de la plus inévitable fatalité, que certaines personnes, fort patriotes en toutes choses et très touchées des malheurs du pays, semblaient souhaiter qu'on n'en reparlât pas. On eût dit qu'elles craignaient d'évoquer ce passé attristant.

Hélas! nous aurons beau faire pour oublier : la perte de deux provinces, et aussi l'énormité des charges qui pèsent quotidiennement sur la nation, nous rappelleront longtemps encore que le dernier empereur a livré le territoire français aux armées allemandes. Les lectures

n'ajouteront rien à notre douleur, et peut-être fortifie-
ront-elles en nous le sentiment de la haine, qui doit
entrer en ligne de compte dans l'héritage que nous laisse-
rons à nos fils, aussi longtemps que l'Allemagne n'aura
pas compris qu'elle doit nous restituer l'Alsace-Lorraine.

Oublier ! *Ne plus songer à cela !...* Eh ! sans doute, on
voudrait qu'il en fût ainsi ; mais, quoi ! tout nous rappelle
ce temps d'angoisses qui donna naissance, chez nous,
à la singulière affection mentale dont tant de gens s'en
vont mourant, et qu'on a baptisée de ce nom : *La Maladie
de l'Invasion !*

A Rouen même, je ne puis faire un pas dans les rues
sans que, malgré moi, l'ombre d'un casque à pointe ne
se dessine sur quelque muraille ; je ne vois pas un hussard
traverser nos ponts sans établir (à son avantage, du
reste) une courte et involontaire comparaison entre lui
et ces cavaliers allemands qui martelaient nos pavés du
bout de leurs interminables sabres.

Si le hasard me conduit dans un square, et que j'y
entende l'excellente musique de nos soldats, je me
reporte aussitôt par la pensée aux tentatives vaines que
firent nos envahisseurs pour amener à écouter leurs valses
germaniques le public oisif de la ville.

Puis, c'est le tableau de leurs attentats qui reparaît
devant mes yeux : rue Guillaume-le-Conquérant, un
jeune soldat français mis en pièces, dans toute l'acception
de ce mot ; — au chemin de fer, rue Verte, le chef de
gare assailli par cinquante Prussiens et condamné à
quatorze jours d'emprisonnement ; — rue d'Amiens,

la maison où fut pris un malheureux commerçant accusé d'avoir tiré, de sa fenêtre, un coup de fusil sur les vainqueurs, et passé par les armes dans la cour de la prison de Bonne-Nouvelle.

Le département de l'Eure, lui aussi, garde l'empreinte maudite de l'invasion, et les ruines laissées par les combats ou engagements d'Hécourt, de Villegast, de Vernon, par l'occupation de vingt-cinq villes et le pillage d'un nombre presque incalculable de maisons ou de fermes, sont des témoins qui nous montrent assez les traces tristement manifestes du séjour des Prussiens.

Quant à Paris, le souvenir des maux dont la guerre a été la première et impardonnable cause surgit, pour ainsi dire, de toutes parts... Il serait difficile de passer l'éponge sur ces désastres.

Donc, partout l'image de la terreur allemande nous obsède et ne nous laisse d'autre alternative que de maudire ou d'amnistier.

Or, ce n'est pas un pardon impossible que demandent nos honorables contradicteurs, et, — quant à présent, du moins, — seule la malédiction nous reste !

* *

L'auteur des *Prussiens en Normandie* a eu deux bonheurs inespérés :

Le public a fait à son modeste travail l'accueil le plus aimable, et M. Estancelin, ex-général des gardes nationales de trois départements, l'a honoré de ses injures.

L'auteur des *Prussiens en Normandie* croit reconnaître la bienveillance des lecteurs en leur offrant une édition refondue de son livre, et il a répondu à l'attaque de l'intime ami de la famille d'Orléans par la lettre suivante, adressée au directeur d'un journal de la Seine-Inférieure :

« Mon cher Confrère,

» Je reçois la brochure de M. Estancelin, écrite pour les Membres du Conseil général de la Seine-Inférieure.

» On a dit de M. Trochu que c'est un homme de style autant et même plus qu'un homme de guerre ; je crois, après lecture de *la Vérité sur les événements de Rouen*, qu'il serait osé, celui qui ferait à l'ancien commandant de nos gardes nationales un reproche pareil.

» M. l'intendant de la famille d'Orléans ne souffre pas qu'on médise de ses qualités militaires, et j'admire la façon dont il me houspille pour avoir écrit sans malice ce que tout le monde, en Normandie, articule depuis un an contre son administration.

» Si le généralat de M. Estancelin ne lui a pas enseigné l'art de combattre, il lui a, du moins, appris à imiter la rudesse de verbe des vieux braves à tout crin.

» C'est ainsi que, pour me désigner, il m'appelle : *Un individu !*

» Individu, soit ! Mais de quelle race, encore ?

» Quand on écrit l'Histoire comme l'histoire naturelle, il faut s'entendre.

» Suis-je de la race des courtisans, animaux à l'échine souple, comme les deux derniers règnes en ont élevé plusieurs ? Suis-je de la race — hélas ! si répandue ! —

des mendiants d'honneurs et de places , toujours prêts à servir n'importe qui , pourvu que ce n'importe qui dispose des galons et des grades? Suis-je...

» Mais non ! Et M. Estancelin, « s'il avait voulu ,
» aurait pu se donner la peine de prendre des renseigne-
» ments... » Il se fût assuré que j'appartiens à la famille des travailleurs, des chercheurs de vérités — ce qui explique naturellement combien fut grande ma déception après que j'eus fermé sa brochure.

» L'ex-général me traite de menteur, parce que j'ai dit:

« M. Estancelin conduisit à Mantes une partie de
» la garde nationale de Rouen , et ce ne fut qu'à la pré-
» sence d'esprit de son chef de bataillon qu'elle dut de
» ne pas tomber tout entière aux mains de l'ennemi (1). »
Il ajoute que la colonne n'a « jamais été dans une situa-
» tion critique qui nécessitât un sauveur. »

» Mais , sur ces deux points, j'en appelle à tous les gardes nationaux rouennais qui ont fait partie de cette expédition !

» Que M. Estancelin leur demande de formuler leur avis , et il verra si je puis être accusé de mensonge !

» Un peu plus loin, il joue sur les mots, — l'équi-voque étant une arme qu'il paraît connaître — et confond un *vote de remercîments* du Conseil municipal avec les *adresses de félicitations* et les ovations enthousiastes dont il avait parlé au gouvernement de Tours.

» Quant au récit des événements des 3 et 4 dé-cembre , M. le commandant le déclare écrit « avec une
» ingénuité qui fait peu d'honneur à mon intelligence, ou
» une mauvaise foi qui ne prouve pas en faveur de mon

---

(1) Page 20.

» caractère. » Mais ce récit avait paru en 1871, et
M. Estancelin n'y trouva rien alors à réfuter.

» D'ailleurs, est-ce bien sur le théâtre même des
événements, au sein de la population où ils s'étaient déroulés, qu'il m'eût été possible d'articuler le moindre
fait entaché de fausseté? Et le rapide enlèvement des
trois éditions de mon livre n'est-il pas dû moins à son
mérite qu'à son absolue impartialité?

» De cette impartialité, dont je me suis fait une règle
étroite, je ne citerai qu'une preuve :

» Moi Républicain, et conséquemment enclin à ne
voir dans le bonapartiste Bazaine qu'un ambitieux ou
qu'un incapable, je me suis attaché à ne formuler aucun
blâme sur la capitulation de Metz, voulant entretenir
mes lecteurs des actes et non des hommes.

» Je conclus :

» M. Estancelin soumet sa justification aux membres
du Conseil général d'un des trois départements dont il
administrait les gardes nationales.

» Pourquoi pas aux deux autres en même temps?

» A-t-il donc plus de confiance en l'impartialité de
celui-là que de ceux-ci?

» Et puis, pourquoi ne s'adresse-t-il pas de préfé-
rence à ses 36,000 gardes nationaux? Ce sont eux, en
définitive, eux qui ont plus ou moins ressenti l'effet des
« précautions prises » et du « soin avec lequel tout avait
» été prévu et organisé » ce sont ces 36,000 braves
citoyens qui peuvent l'absoudre ou le condamner en dernier ressort.

» Si ce tribunal suprême ne répondait pas aux espé-
rances de M. le général Estancelin, il en serait quitte

pour affirmer qu'il était composé *d'individus*... Les gros mots dispensent des bonnes raisons.

» Agréez, mon cher Confrère, l'assurance de mes sentiments affectueux.

» DESSOLINS. »

Nous n'avons plus entendu parler de M. Estancelin... sinon par ceux qu'il avait accepté la mission de commander.....

M. Nétien, l'honorable maire de Rouen, n'apprécie pas notre travail avec la même acrimonie que l'ancien général des gardes nationales. Nous citerons, pour preuve, le billet qu'il a bien voulu nous adresser, à la réception d'un exemplaire relié des *Prussiens en Normandie :*

MAIRIE DE ROUEN.
—
CABINET DU MAIRE.

Rouen, le 25 Octobre 1872.

Monsieur,

Je m'empresse de vous remercier de l'ouvrage que vous voulez bien envoyer à notre bibliothèque.

Les faits que vous y avez racontés, Monsieur, seront utilement recueillis par les historiens de cette époque funeste, et il serait à désirer que les récits de ce genre se multipliassent, pour bien déterminer le caractère de l'invasion que nous avons subie.

J'ai immédiatement déposé votre livre à la bibliothèque de la ville.

Agréez, Monsieur, l'assurance de ma considération très distinguée.

Le Maire de Rouen.
E. NÉTIEN.

Maintenant, nous livrons notre étude telle qu'elle est, et telle que nous l'avons, non pas rêvée, mais vécue. En effet, la plupart des évènements que nous retraçons dans ces pages se sont déroulés sous nos yeux. Nous avons eu ce mérite, — qu'on nous permette un instant de fierté, — de recueillir sur les lieux mêmes nos renseignements. Il en est que nous avons crayonnés dans la chaleur de l'action : le lecteur bienveillant nous pardonnera donc, nous l'espérons, les négligences de forme qui peuvent s'être glissées sous notre plume.

Nous aurions pu, certes, faire pour notre style ce qu'ordonne *l'Art Poétique,* qui dit :

> Polissez-le sans cesse et le repolissez.

Y ayant réfléchi, nous avons trouvé que cela eût été mauvais. Il fallait laisser à ces impressions leur caractère d'improvisation, sans attacher à la tournure de la phrase une importance que, dans l'espèce, elle ne comporte pas.

Les grandes émotions du genre de celles que nous avons ressenties, reproduites très sincèrement, se passent aisément du clinquant et des oripeaux de la mise en scène.

DESSOLINS.

Inutile d'insister sur les développements donnés à ce nouveau travail : ils sauteront aux yeux de nos lecteurs des éditions précédentes. Bien que portant le même titre, celle-ci ressemble peu à ses aînées.

LES

PRUSSIENS EN NORMANDIE

Le 1ᵉʳ décembre 1870, vers six heures du soir, la dépêche officielle suivante parvenait à la préfecture de Rouen :

Tours, 1ᵉʳ décembre 1870.

Le ministre de l'intérieur au préfet de la Seine-Inférieure.

GRANDE VICTOIRE SOUS PARIS !
SORTIE DU GÉNÉRAL DUCROT, QUI OCCUPE LA MARNE.

Cette triomphante nouvelle de *Paris débloqué*, Dieu sait avec quelle joie immense la province l'accueillit !

« Le général Ducrot occupe la Marne, » disait-on ; il a donc pu faire une sortie victorieuse vers Vincennes et le chemin de fer de Lyon. Les Prussiens, battus, ont donc abandonné le terrain ; la capitale, débloquée sur ce point, est donc enfin en communication avec le reste de la France !

Devant un pareil résultat, les préoccupations tristes s'évanouissaient ; les craintes d'une invasion prochaine de la Normandie n'apparaissaient plus à l'esprit que comme une hypothèse lointaine, dont le doute, l'espoir et le désir de repousser l'ennemi prenaient peu à peu la place.

2

On se félicitait, on s'écriait : *Vive la France ! Vive la République !...*

On accordait créance à tout, on était transporté !

Jamais, peut-être, la nation n'offrit au regard de l'observateur un aspect aussi consolant : la confiance, un grand souffle de bonne foi passaient au-dessus de nos malheurs. On croyait à la délivrance. Paris, du reste, ne tenait-il pas bon ? Et Paris, où s'étaient enfermés, pour combattre, les enfants de toutes les provinces, ne résumait-il pas la volonté du pays de mourir plutôt que de se rendre ?

Il se mêlait à ces sentiments le désir orgueilleux de prouver au monde que la France, affranchie du joug impérial, saurait bien secouer le despotisme allemand, d'elle-même et sans l'aide d'aucun allié.

Que de fois n'avons-nous pas entendu prononcer des mots dans le genre de ceux-ci, mots de rage, où quelque espérance s'agitait encore :

« Bonaparte n'a pas eu le courage de mourir à Sedan » pour l'indépendance de la patrie... Eh bien ! la » patrie aura la gloire de réparer l'infamie de Bona- » parte, fallût-il qu'elle s'exposât au dernier danger !»

Et les levées successives du gouvernement de la Défense nationale trouvaient soumis chaque citoyen : les hommes mariés, les pères de famille, s'enrôlaient, et de bon cœur.

A Rouen, 6,000 d'entre eux, à la fin de novembre, obéissant à l'ordre d'inscription récemment affiché, n'attendaient que leur feuille de route pour le camp d'Helfaut, près Saint-Omer.

C'est positivement dans l'excès de confiance qui animait alors le pays qu'il faut chercher le principe du déchaînement de haines causé depuis par la trahison.

Ainsi, nous croyons que jamais un général, un militaire, un homme, n'assuma un plus formidable orage de colères que le maréchal Bazaine, lorsque la nouvelle de sa capitulation à Metz fut connue.

Plus on avait mis de bonne foi et d'abandon à lui attribuer la gloire de sauvegarder jusqu'à la fin le suprême rempart de la France, et plus on chargea d'invectives la fureur des imprécations dont on le couvrit.

Quelle voix se fût crue assez autorisée pour prendre sa défense? Le téméraire qui l'eût tenté se serait fait écharper en public ou traiter de misérable en particulier.

———

Mais le 1er décembre, comme nous l'avons dit, un éclair de triomphe illumina la province.

Hélas! bientôt la vérité fut connue : le général Ducrot avait manqué sa sortie. Son grand mouvement stratégique n'avait été qu'un grand mouvement oratoire, et Paris avait vu rentrer bien portant celui qui promettait de revenir ou mort ou victorieux.

———

Le 3 décembre, le bruit courut tout-à-coup dans Rouen que les Prussiens venaient d'occuper Neufchâtel avec 20,000 hommes, et qu'une forte colonne arrivait à Forges. Le tout, disait-on, avançait sur Rouen à marches forcées.

Les alertes de ce genre ayant, depuis la fatale capitulation de Metz, troublé bien souvent déjà la quiétude des Rouennais, ils se refusèrent cette fois encore à croire que le danger fût aussi prochain.

Au bureau de la poste, un facteur rapportait, d'après un de ses collègues de la campagne, que des éclaireurs ennemis se montraient à quelques kilomètres au-delà de Buchy.

A l'hôtel de la division, on n'était au courant de rien, ou du moins on paraissait tout ignorer.

A la préfecture « rien n'était plus faux, » disait-on, que cette approche des Allemands. »

On savait que, de la Seine-Inférieure, Gournay était

le seul pays occupé depuis plusieurs semaines par un détachement prussien ; mais on le croyait venu là seulement pour réquisitionner.

Les approvisionnements nécessaires au corps allemand caserné à Beauvais étaient fournis uniquement par les riches campagnes de cette partie du pays de Bray.

On n'ignorait pas que 5 ou 6,000 Prussiens et Saxons ravageaient le Vexin, et que leur point de ralliement était Gisors, situation stratégique admirablement choisie par eux, d'ailleurs.

On l'ignorait d'autant moins que le 30 novembre, le général Briand, chef militaire des départements de l'Eure et de la Seine-Inférieure, avait dirigé une attaque de nuit contre Gisors, attaque à demi réussie (1).

Toutefois, gardés comme nous pensions l'être par 20 ou 25,000 hommes de troupes campées à Fleury-sur-Andelle, à Gaillon, à Ecouis, nous croyions non seulement la résistance possible, mais encore la victoire certaine, si la lutte s'engageait à nos avant-postes.

Et puis, les travaux de défense, dont il était question dans de magnifiques proclamations des autorités administratives, entretenaient dans les esprits une quiétude relative qui, plus tard, fut vraiment fatale.

Dès que les Français ne sont plus sur le qui-vive, ils s'oublient vite dans l'engourdissement de l'espérance ou de l'oubli.

Les Allemands, qui ne font jamais de sentiment, tout poétiques qu'on les dit et tout blonds qu'ils sont, accomplissaient des prodiges d'activité pour se trouver devant Rouen avant qu'une colonne du Calvados ou du Nord ne pût arriver au secours de cette ville.

Ils venaient, dans les divers combats que leur avait

___

(1) Voir Etrépagny.

livrés l'armée du Nord, d'éprouver, pour la première fois depuis leur entrée sur le sol français, une opiniâtre et efficace résistance.

Laissant donc une faible partie de ses troupes sur la ligne d'Amiens à Rouen, le général baron de Manteuffel résolut de s'emparer de cette dernière ville, tant pour en faire la base d'une série de nouvelles opérations à étendre jusqu'à la mer, que pour se ménager, en cas d'échec, une retraite.

On a beaucoup critiqué cette résolution du général prussien ; il lui a été reproché, non sans une apparence de raison, de s'être exposé bénévolement à l'attaque possible de trois armées, ce qui, certes, aurait été praticable avec plus d'ordre et d'organisation que nous n'en avions, hélas !

Ce n'est pas ici qu'il nous paraît opportun de citer nominativement les chefs incapables ou pusillanimes dont l'inaction a causé la prise de Rouen et, par suite, du département ; les événements, racontés impartialement, montreront assez ce que furent leurs actes.

Le système mauvais des résistances locales a d'ailleurs, disons-le pour être juste, contribué à nos malheurs dans une proportion énorme. Ce n'est pas à Rouen qu'il fallait songer à défendre Rouen, mais simultanément à Gisors, Gournay et Vernon ; de même il fallait, par exemple, garantir le Havre aux environs de Motteville. Le « formidable » état de défense où s'était mis la ville du Havre n'eût servi, en cas d'attaque sérieuse, qu'à reculer de quinze jours, de trois semaines au plus, l'heure de sa reddition.

Néanmoins, les Havrais, généreux comme toujours, étaient unanimes dans leur résolution de se battre jusqu'à épuisement.

Mais nous ne tirons de cette illusion des « défenses locales » qu'une excuse secondaire pour les fautes commises.

Il n'en reste pas moins constant que 6 à 8,000 cava-

liers prussiens ou saxons ont ravagé le Vexin pendant
plus de six semaines ; que leurs réquisitions, leurs
cruautés inutiles ont fait couler dans ce malheureux
pays bien des larmes et bien du sang. Cependant, nulles
forces ne leur furent opposées, et si l'on excepte les
inquiétudes que leur causèrent les francs-tireurs, trop
peu nombreux, malheureusement, on peut dire qu'ils
occupèrent la plus riche partie de la Normandie sans
combat et comme il leur fut agréable.

En ce temps-là, « le genre » consistait à dire des
paysans tout le mal possible et à les rendre responsables de notre impuissance.

Il ne se passait guère de jour sans qu'un pauvre
diable de villageois ne fût battu, incendié, garrotté,
emmené par les Prussiens ou fusillé même, séance
tenante ; mais sous prétexte que quelques misérables
des bourgades envahies avaient servi de truchements
aux ennemis, on enveloppait dans la même réproba-
tion tous les habitants des campagnes.

Comme si l'invasion ne retombait pas alors de tout
son poids sur le paysan ! Et comme s'il lui était possible de lutter seul, sans ordres et sans armes, contre
des légions que les nôtres ne pouvaient pas entamer !

Peu s'en fallait, en vérité, qu'on n'applaudît aux
représailles épouvantables exercées contre les campa-
gnards, à la suite de plusieurs escarmouches entre
francs-tireurs et Prussiens.

Certainement, on est à peu près revenu, maintenant qu'on est entré dans une sphère de calme relatif, sur ces tendances irraisonnables, mais l'histoire
doit constater les travers de l'esprit public, à quelque
parti qu'ils soient dus, et c'est ce que nous essaie-
rons toujours de faire.

La première conséquence de nos défaites inatten-
dues fut un assemblage malsain de haine et de méfiance :

Haine vouée aux chefs militaires, méfiance des
paysans de la part des villes et parmi les soldats.

Les Prussiens, pourtant, avançaient toujours, et
outes les illusions au sujet de l'inviolabilité de Rouen
llaient bientôt disparaître.

Le voile de nos erreurs allait tout-à-coup et brusquement se déchirer sous la main de fer de la plus
cruelle réalité.

Mais il nous faut, pour suivre chronologiquement
a marche de l'envahisseur, donner l'historique de son
séjour dans les localités où il pénétra, même avant
l'occuper la vieille capitale normande.

MANTES.

C'est le 23 septembre que les Allemands, après
avoir pillé la gare de Mantes et envoyé quelques boulets dans la ville, brûlent sans pitié le petit village de
Mézières (où des francs-tireurs, disaient-ils, avaient
secondé la défense locale), et enfin prennent possession de Mantes.

Pendant près de deux mois, Mantes fut le point de
ralliement des troupes alliées chargées des approvisionnements destinés à l'armée d'investissement de
Paris.

Mais, pendant toute la durée de leur séjour, les
Prussiens éprouvèrent là les plus chaudes alarmes :
toujours sur pied et leurs chevaux sellés, prêts à partir, ils craignaient incessamment les attaques des
tirailleurs français. Souvent ils exprimèrent cette pensée que « l'on pouvait, à toute heure, les déloger. »

Le système de l'intimidation par l'incendie se déve-
loppa. La gare de Bonnières, près de Mantes, fut livrée
aux flammes sous nous ne savons quel prétexte.

M. Estancelin conduisit à Mantes une partie de la
garde nationale de Rouen, et ce ne fut qu'à la présence
d'esprit de son chef de bataillon qu'elle dut de ne pas
tomber tout entière aux mains de l'ennemi.

A l'occasion de cette première expédition, où les
miliciens rouennais croyaient fermement rencontrer
les Prussiens, comme, de fait, cela pouvait très bien
arriver, M. le commandant Estancelin publia dans les
journaux que des adresses de félicitations lui avaient
été remises, ce qui fut démenti formellement, du reste,
par le conseil municipal de Rouen.

A cette même époque, M. le général Estancelin
reçut dans ses robustes bras le premier aéronaute que
Paris envoyait à la province.

Dans sa séance du 29 septembre, le conseil municipal de Rouen fut saisi par M. Nétien, maire, du projet
d'adresse suivant, pour reconnaître l'empressement
que mettait la garde nationale à faire le service de
détachements :

Messieurs,

Lorsque les chefs de la garde nationale ont fait appel au bon
vouloir des citoyens compris dans ses rangs, un sentiment presque unanime s'est manifesté parmi eux : celui de marcher, sans
distinction de classes, là où le devoir les appelait.

Il faut applaudir à cet élan, messieurs, car le départ de notre
premier bataillon tout entier, sans que personne veuille profiter
des bénéfices de l'âge ni mesurer les exigences de sa situation
particulière, répond victorieusement aux indignes accusations
de défaillance que l'on a eu la triste pensée de porter contre
notre ville, ses citoyens et ses représentants.

Il faut s'en réjouir encore, parce qu'il a fourni la manifestation éclatante de la confiance réciproque et de la parfaite union
qui associent nos concitoyens, l'édilité et l'autorité départementale, dans l'accomplissement des devoirs qu'impose à tous la
situation du pays.

Émus et reconnaissants du dévoûment patriotique des chefs
et des membres de notre légion, nous vous proposons de les en
féliciter et de leur adresser les remerciments de la cité, dont
vous êtes les interprètes.

Le Conseil municipal adopta ce projet d'adresse.

GOURNAY.

10 OCTOBRE 1870. — 24 JUILLET 1871.

Dans la journée du 2 octobre, les dépêches suivantes furent échangées entre Neufchâtel, Tours, Buchy et Rouen :

Neufchâtel, 2 octobre, 7 h. 15 matin.

Employé télégraphe à directeur général et inspecteur de Rouen.

Alerte à Gournay. L'ennemi est signalé à Saint-Germer. La garnison de Gournay part à l'instant même au-devant.

Attendons premier signal pour replier sur Forges, avec le matériel.

Tours, 2 octobre, 8 heures du matin.

Employé en mission à M. le préfet de la Seine-Inférieure.

On se bat entre Saint-Germer et la route de Beauvais. Plusieurs hulans sont venus ce matin près de la gare et ont disparu aussitôt. Un de leurs chevaux blessé vient d'arriver à l'Hôtel-de-Ville.

Neufchâtel, 2 octobre, 9 heures du matin.

A M. le trésorier payeur de Rouen.

L'ennemi, au nombre de 3,000 hommes, est entre Saint-Germer et Beauvais, à six kilomètres de Gournay, d'où l'on entend la fusillade.

Buchy, 2 octobre.

Au même.

On mande de Gournay que les Prussiens, venus jusqu'à Ferrières, ont été repoussés par les hussards et les mobiles.

Gournay, petite ville de commerce admirablement située sur les confins de l'Oise et de la Seine-Inférieure, allait être une des premières stations de l'occupation en Normandie.

Quoi qu'il en soit, il y avait dans cette localité un certain nombre de cavaliers français, ainsi que le constatent la dernière des dépêches ci-dessus et la narration suivante d'une excursion aux environs de Beauvais :

Le cinq octobre, 27 hulans arrivèrent au village d'Armentières et demandèrent des cigares. Les habitants du bourg se réunirent et mirent en réquisition les personnes qui en possédaient. Un certain temps s'écoula; enfin, les cigares furent apportés, mais en même temps 8 hussards de Gournay tombèrent sur l'ennemi, et, après un combat acharné, les hulans furent mis en déroute. Résultat du combat : 2 hulans tués, 1 prisonnier, 4 blessés. Les hulans, en se retirant, s'écrièrent qu'ils seraient vengés. La vengeance a été épouvantable.

Le 6 octobre, à six heures du matin, un petit détachement de 600 hommes environ, infanterie et cavalerie, suivi de deux pièces de canon, paraît dans la direction de Gournay. A midi, le canon retentissait sur les hauteurs, à quatre lieues de distance.

Croyant à un combat, quelques personnes de Beauvais se mirent en route dans cette direction.

Les flammèches qui tombaient semblaient annoncer un incendie ; une fumée noire et épaisse couvrait l'horizon sur une certaine étendue. C'étaient trois hameaux qui brûlaient, savoir : Armentières, Héricourt et le Fresnoy. Deux dragons prussiens, tués par les francs-tireurs, gisaient sur la route de Saint-Paul.

Un pauvre insensé, le nommé Sénétrier, habitant le Veau-Roux, avait été rencontré le matin par le détachement allemand. On lui avait demandé s'il connaissait dans le bourg des hommes armés ou possédant des fusils de chasse. Le chef du détachement crut comprendre à son effroi qu'il était de connivence avec les francs-tireurs : on le fit marcher devant. Arrivé au Pont-qui-Penche, on lui ordonna de désigner les maisons où étaient les armes, et, comme il ne sut que répondre, il fut fusillé.

Nous prîmes la route d'Armentières. Ce hameau,

ainsi que ceux de Héricourt et du Fresnoy, brûlait depuis une heure, et il était quatre heures du soir.

Les hommes, pâles de rage, essayaient, mais en vain, d'arracher une partie de leurs maisons à l'incendie ; les femmes se tordaient de désespoir, au milieu des débris de leur pauvre mobilier. L'une d'elles disait : « Les lâches ! nous leur aurions donné tout ce qu'ils auraient voulu, nous ne leur aurions rien fait, et ils brûlent nos maisons ! Quel bien peut leur procurer le mal qu'ils nous font ? » Une autre : « Ma pauvre mère a quatre-vingt-quatre ans ; ils sont entrés dans la ferme et ont mis le feu au-dessus de sa tête. Nous sommes arrivés à temps pour la sauver. » Une troisième : « Mon Dieu ! que deviendrons-nous cet hiver ? » « Silence ! s'écriait un robuste villageois, à quoi sert de se tourmenter ? » La rage étouffait cet athlète, qui comprimait l'explosion de sa colère ; sa femme pressait dans ses bras un enfant nouveau-né, et quatre autres l'entouraient.

— Il ne nous reste rien ! sanglotait-elle.

— Si ! reprit son mari d'une voix sombre : la vengeance !

Ils tinrent parole, ces villageois au désespoir. Quatre hulans furent tués le lendemain sur la route de Gournay. Eh ! n'étaient-ils pas dans leur droit ? Ils l'avaient dit : Rien ne leur restait plus que la vengeance !

Un prêtre que nous rencontrâmes nous donna l'assurance que les habitants des bourgs incendiés étaient inoffensifs, mais qu'il ne répondait pas des représailles ; que, le matin même, le bourg du Fresnoy avait livré 35 sacs de blé aux réquisitionnaires, et qu'il avait eu pour paiement l'incendie.

L'officier qui commandait s'appelle Von Vandsfert, colonel de la garde royale du roi de Prusse.

En revenant de cette expédition, les troupes prussiennes passèrent à la barrière du chemin de fer du Pont-au-Dé. Le garde-barrière, ex-militaire médaillé, surveillait les travaux de réparation de la voie; une douzaine de Flamands étaient sous ses ordres. Tous s'enfuirent, mais cinq furent arrêtés. Quant au garde-barrière, sa maison fut incendiée, et lui-même fusillé à côté de sa maison qui brûlait, sous prétexte qu'il était de connivence avec les francs-tireurs. Pour les cinq ouvriers arrêtés, on les conduisit sur la grande route, ils furent attachés à des arbres et on leur administra à chacun 25 coups de bâton, après leur avoir mis les reins à nu...

Telle est la civilisation que nous apportait la Prusse.

C'est le 10 octobre que les Prussiens firent leur entrée dans Gournay.

La colonne ennemie se composait de cavalerie, d'infanterie et d'artillerie ; en tout 4,000 hommes.

Les réquisitions furent importantes : on demanda du blé, de l'avoine et du bétail.

Le prix, 150,000 fr., devait en être soldé contre livraison, à l'intendance de l'armée allemande de la Meuse, dont le siége se trouvait à Beauvais.

Vu l'impossibilité d'arrêter sur-le-champ les conditions de ce traité imposé par le général prussien, trois habitants, MM. Quenneville, Pommel et Bénard furent emmenés en otage à Beauvais, où la colonne elle-même retourna dans la soirée.

Pour garantir l'exécution de son marché, Gournay dut verser une somme de 15,000 fr. On en attend encore le remboursement, bien qu'on ait livré les marchandises réquisitionnées (1).

La garde nationale du pays avait rendu ses armes, l'impossibilité de la résistance étant évidente.

Un cultivateur de la banlieue de Gournay, chez qui

(1) Renseignements fournis en juillet 1874.

les Allemands prétendirent qu'un fusil était caché, fut emmené sur la route de Beauvais et fusillé avant l'arrivée dans cette ville.

C'était la première excursion des ennemis sur le sol normand ; il fallait bien qu'ils y plantassent un sanglant jalon...

Du 10 octobre au 2 décembre 1870, on ne voit à Gournay que des patrouilles, venues soit de Beauvais, soit de Gisors ; mais, le 3 décembre, commence réellement l'occupation, avec l'arrivée du 8ᵉ corps d'armée, commandant Manteuffel. Les habitants eurent à pourvoir aux besoins de 30,000 hommes de toutes armes ; 100 pièces de canon les suivaient, marchant sur Rouen.

Le 9 juin 1871, la garnison prussienne de Gournay, plus ou moins réduite, suivant les circonstances, quittait definitivement cette localité ; mais le 23-24 juillet, les Prussiens, en évacuant Rouen, traversaient le bourg pour la dernière fois.

Les charges de la localité, par suite de l'occupation allemande, s'élevèrent à 300,000 fr.

Le 11 octobre, les Prussiens étaient maîtres tout à la fois de Mantes, Vernon, Gisors et Gournay.

Le *Journal de Rouen* disait à ce sujet :

Il est profondément douloureux de voir l'armée prussienne s'étendre ainsi sans rencontrer d'obstacles sérieux.

Quelle tentative a-t-on faite pour arrêter cet envahissement ? Personne ne le sait. Il n'en est malheureusement pas de même de la honte et des misères de toutes sortes qui accompagnent l'armée ennemie.

Quand fera-t-on autre chose que de vaines démonstrations ? Quand se servira-t-on efficacement des hommes prêts à marcher ?

Espérons que ce sera promptement ; mais, en vérité, il est déjà bien tard...

Ce n'était pas la faute de M. le commandant Estancelin si la défense ne faisait pas des progrès plus rapides. Toujours à cheval et coiffé de son haut képi à sextuples galons, qui le surmontait comme une girouette, il ne négligeait pas les proclamations aux gardes nationaux. Le 7 octobre, l'éloquent appel suivant fut affiché sur les murs de toutes les localités non envahies :

Etat-major général des Gardes nationales des départements de la Seine-Inférieure, du Calvados et de la Manche.

Gardes nationaux,

Aux armes ! L'ennemi entre dans notre province : que tout homme de cœur prenne son fusil et vienne le recevoir !

Sur les frontières de notre département, des accidents de terrain, des bois profonds permettent une résistance efficace ; que chaque arbre abrite un tireur, que chaque obstacle soit défendu !

C'est donc un devoir pour tous ceux des gardes nationaux sédentaires ou mobilisés, qui sont réunis ou équipés, de se rendre au chef-lieu de leur canton et de là au chef-lieu d'arrondissement, pour être dirigés sur Rouen, dont la garde nationale a donné déjà un si patriotique exemple.

Vos officiers tiendront à honneur de vous conduire à la défense de votre pays, de votre famille, de vos foyers.

Le temps des paroles est passé, le moment d'agir est arrivé.

Aux armes ! et à Rouen !

Pour ampliation,

Le chef d'état-major,
A. HERMEL.

Le commandant général,
ESTANCELIN.

Le lendemain 8, à six heures du matin, un fort détachement de volontaires pris dans les rangs de la garde nationale du chef-lieu partait bravement à l'ennemi.

PASSAGE A ROUEN DE M. LÉON GAMBETTA.

6 OCTOBRE.

M. Gambetta, laissant définitivement à Paris une fraction du gouvernement de la Défense nationale, sous la présidence du général Trochu, se rendit à

Tours par Amiens et Rouen. Parti de Paris en ballon, il atterrit à Montdidier (Somme). Après diverses pérégrinations, le ministre put arriver à Amiens, d'où il prit le chemin de fer pour Rouen. Il prononça dans cette dernière ville le fameux mot : « Faisons un pacte avec la mort! »

VERNON.

Les Prussiens font une première apparition à Vernon le 6 octobre. Il entrait dans leur plan de former autour de Rouen un vaste éventail, dont Gournay, Gisors et Vernon devaient être les trois branches principales.

Les allées et venues de l'ennemi furent nombreuses à Vernon ; les habitants vécurent, jusqu'à la conclusion de la paix, dans de continuelles alarmes.

Il nous a paru intéressant de donner ici, jour par jour, les incidents de ce long supplice ; c'est comme le *livre de bord* de l'occupation :

DES FAITS QUI SE SONT PRODUITS A VERNON PENDANT L'INVASION PRUSSIENNE.

Le 6 octobre, à dix heures et demie du matin, 650 Allemands venus par le plateau de Brécourt, descendent à Vernon par Bizy, où ils laissent la moitié de leur troupe avec deux pièces de canon. En un clin d'œil l'ennemi reconnaît la ville, que des cavaliers, deux à deux, parcourent à fond de train. Des officiers arrivent à la mairie et, avec la morgue d'un vainqueur qui sait qu'on ne lui résistera pas, ils exigent une grande quantité de farine, avoine, sel, café, cigares, etc. Il faut qu'en toute hâte un déjeuner de 300 couverts soit servi aux cavaliers et aux fantassins dont se forme cette petite troupe. Celle-ci, en se retirant vers Bizy, pour rejoindre Pacy, où des voitures réquisitionnées conduisent le butin, saccage la gare, détruit les fils télégraphiques et s'empare de deux vaches.

La veille, 5 octobre, cette visite avait été annoncée, vers une heure et demie, par une troupe de 160 cavaliers allemands qui s'était tout d'abord portée vers la station et le parc de construction.

C'est le 14, à huit heures du soir, que le pont de Vernon a sauté. Ce pont, inauguré le 19 mai 1861, avait coûté plus d'un million. L'explosion se fait sourdement, sans éclats; les piles seules restent debout; tandis que, dans l'eau qui bouillonne, disparaissent le tablier, les parapets, toute cette construction établie par l'entrepreneur Garnuchot avec une consciencieuse solidité. L'œuvre de trois années de travail succombe en moins d'une minute à la force explosible de 300 kilog. de poudre.

Il est vrai que M. P..., capitaine du génie, se disposait, dès le 20 septembre, à pratiquer l'opération à l'aide de 600 kilog. de poudre! L'effroi de tout un quartier de la ville, et aussi les protestations de quelques habitants notables, étaient parvenus à reculer le sacrifice et à faire réfléchir l'homme de guerre sur la quantité de matière destructive qu'il voulait employer. Le 5 octobre, à midi, il y avait eu, sur le pont même, au moment où l'officier préparait l'explosion et faisait des sommations, une manifestation énergique devant laquelle M. P... dut abandonner son opération. 160 Allemands se présentaient devant Vernon, quelques instants après.

L'ennemi ayant été signalé sur la rive droite de la Seine, l'officier du génie, revenu à Vernon, put enfin procéder à l'œuvre de destruction qui lui avait été commandée.

La journée du 22 devait être singulièrement agitée.

Vers onze heures du matin, des cavaliers et des fantassins allemands arrivent, au nombre de 400 environ, à Vernonet, situé sur l'autre rive de la Seine et qui, depuis le 14, n'a plus de communications avec Vernon que par des batelets.

L'ennemi, sur la rive droite, hèle et demande le maire de Vernon, sans doute pour lui imposer des réquisitions. Quelques gendarmes, occupant la ville depuis quelque temps avec de la mobile, gagnent en courant le bord de l'eau, et, s'abritant derrière des obstacles, tirent sur les cavaliers arrêtés à droite, au bord du fleuve. Alors, on peut supposer que ces quelques coups de feu ont suffi pour éloigner· l'ennemi. Mais, à Vernonet, on voit celui-ci pointer sur Vernon deux pièces de canon arrêtées à l'entrée de la route des Andelys. De leur côté, les fantassins se répandent sur les collines ; et bientôt commence à pleuvoir sur la ville une grêle de projectiles. Vernon ne reçoit pas moins de 72 obus en une heure et demie. Les maisons Laniel, Garnuchot, Roqcourt sont gravement atteintes. Les Allemands ne se retirent qu'à bout de munitions. Vers la fontaine de Tilly, l'officier qui a commandé cette cruelle exécution est tué par la balle d'un brave villageois de Pressagny.

A cette même heure, un engagement assez sérieux a lieu du côté de Cravent, Chaufour, Villers-en-Désœuvre, et, particulièrement Villegast. L'affaire se passe entre des troupes allemandes, détachées du cantonnement de Mantes, et des mobiles soutenus par des francs-tireurs de Mocquart. L'ennemi, en déroute, perd, à la fin de la journée 120 hommes tués ou blessés.

Le 19 novembre, au soir, l'ennemi s'arrête sur les hauteurs qui dominent Evreux, qu'il salue de 20 coups de canon avant de s'éloigner. De là, désolation et panique à Vernon. Mobiles, gendarmes, francs-tireurs se replient sur Louviers.

Le surlendemain, vers quatre heures après midi,

des cavaliers allemands apparaissent à la mairie et préviennent de l'arrivée pour le lendemain d'un corps d'occupation. Dans la soirée, tous les mobilisés, mariés ou veufs, se disposent à quitter Vernon. On télégraphie à la division, à Rouen, pour y exposer la situation; et on prétend qu'il a été répondu « qu'on avisait. »

Nommé tout récemment commandant des forces militaires de l'Eure, en remplacement de M. de Kersalaün, dont l'excessive prudence avait laissé l'ennemi pénétrer dans Evreux, le général Briand avait pris, au reçu des dépêches de l'autorité vernonaise, des mesures aussi rapides qu'énergiques. Dans la nuit du 21 au 22 novembre, il avait expédié sans bruit à Vernon de l'artillerie et des troupes : soit les mobiles de l'Ardèche et trois compagnies de gardes mobilisés.

Présent à l'engagement du mardi 22, nous pouvons affirmer l'exactitude des détails qu'on va lire :

Vers huit heures du matin, 5 hulans se présentèrent en ville et déchargèrent leurs armes contre les fenêtres de plusieurs maisons fermées.

Ces Prussiens étaient suivis d'un fort détachement, 5 ou 600 hommes, tant de cavalerie que d'infanterie venant de Blaru, route de Paris.

Après des perquisitions aussi brutales que minutieuses dans l'Hôtel-de-Ville, les Allemands emmenèrent prisonniers deux conseillers municipaux de Vernon, M. Leroux, secrétaire de la mairie, et M. Bisson, concierge et tambour de ville.

Ces citoyens devaient leur servir de garantie contre les balles des mobiles de l'Ardèche, dont la présence aux portes de la ville venait de leur être révélée.

Fort heureusement, après avoir essuyé le premier feu des Français, trois des prisonniers réussirent à s'échapper. Le tambour seul, M. Bisson, vieillard fort aimé à Vernon, ne reparut pas.

Le combat eut lieu dans les bois de Bizy et de Gamilly. Les braves mobiles de l'Ardèche entrèrent dans la lutte avec une ardeur sans égale. Tout fatigués qu'étaient ces jeunes gens, ils ont fait l'admiration des chefs.

Au plus fort de la mêlée, le cheval du commandant Bertrand reçut une balle en plein poitrail. Rendu fou par la douleur, l'animal se jeta tête baissée au beau milieu des rangs ennemis. Oh ! alors, en face du danger que courait leur commandant, les mobiles ne connurent plus les règles de la prudence ordinaire. Ils s'élancèrent à la baïonnette, et rien ne put résister à leur impétuosité.

Le commandant Bertrand, démonté, s'empara du fusil d'un mobile et tua le capitaine des hussards prussiens.

Ce beau fait d'armes jeta la démoralisation parmi les ennemis.

Douze voitures et fourgons, chargés de vivres, de munitions et d'objets de toutes sortes, et deux trains d'équipage furent pris.

Il se produisit, en ce moment, dans la population vernonaise, un mouvement de joie délirante ; hommes, enfants, tout le monde, indistinctement, se répandit dans le bois et voulut concourir à la capture : on poursuivit les Prussiens à coups de pierres, on s'attela aux chariots, on captura les chevaux ; ce fut un élan indescriptible.

Les Prussiens ont dû, dans cette affaire, perdre au moins 100 hommes ; mais leur habitude d'enlever leurs morts ne permet pas d'en fixer le chiffre à moins, approximativement.

La perte qui parut leur avoir été le plus sensible est celle de deux officiers et surtout d'un capitaine, le comte von Kleist Bornstedt, du 10e régiment de hussards. C'est celui-là même que tua le commandant Bertrand.

Son corps fut réclamé avec instances par un général qui dépêcha près de M. le maire de Vernon le vénérable curé de Pacy-sur-Eure.

La réponse fut :

« Quand vous nous rendrez, sain et sauf, M. Bisson, indûment emmené par vous, nous vous livrerons le cadavre de votre capitaine. »

Les pertes, de notre côté, ne s'élevèrent pas à plus de 3 mobiles tués et 2 blessés, ce qui s'explique par l'excellence des positions occupées.

Après leur échec, les Prussiens partirent en désordre dans la direction de Blaru, où ils essayèrent, par des réquisitions forcées, de remplacer les pertes considérables de vivres et de munitions qu'ils venaient de subir à Vernon.

. . . .

Quand il n'y eut plus de doute pour les Prussiens sur l'issue du combat des bois de Bizy et Gamilly, il se produisit, parmi les soldats ennemis qui gardaient les équipages, une véritable panique. Engagés dans des chemins difficiles, voyant de tous côtés leurs camarades fuir avec de grands cris de détresse, ces hommes prirent le parti de la prudence : ils s'élancèrent à travers les vignes et les buissons, et les voitures qu'on leur avait confiées tombèrent entre nos mains.

On dit qu'une douzaine de musiciens bavarois envoyèrent aux mobiles un enfant de douze ans, avec l'invitation de les venir chercher, ajoutant qu'ils rendraient leurs armes et mettraient bas leurs instruments, pourvu qu'ils en fussent requis par un peloton de troupes régulières.

Seulement, l'enfant se trompa de sentier, ne put voir que tard les mobiles, et ceux-ci, fortement occupés alors à la poursuite des Prussiens, durent laisser échapper la facile proie qu'on leur offrait.

Les deux officiers tués, de même que le capitaine comte von Kleist, paraissaient appartenir au *meilleur monde* prussien.

On ne sait si les habitants que ces messieurs ont pillés, battus ou exposés aux balles des mobiles, ne trouvent pas qu'ils sont du *pire monde* possible.

On a trouvé sur eux des indications intéressantes touchant la marche de l'ennemi, des cigares en quantités invraisemblables. Mais, ce qui a le plus attiré l'attention, c'est une série de cartes géographiques in-folio, représentant chacune une ville, un village, ou même un hameau des départements de la Normandie. Pas une route, pas une maison n'est omise dans ces relevés topographiques, aussi remarquables par l'exactitude que par l'exécution.

Voilà qui explique l'ordre, la méthode apportés dans leurs opérations par nos envahisseurs.

Ah! si les officiers français étaient pourvus de cartes aussi scrupuleusement faites de leur propre pays!

Nos renseignements pris, nous nous entretinmes un moment avec M. le curé de Pacy-sur-Eure, qui venait réclamer les cadavres des officiers prussiens, au nom et par ordre d'un général. Puis, sur l'assurance que nous donna un habitant de Mantes, que cette ville était complétement libre, nous entreprimes, sous la protection dudit habitant, de faire en charrette les six lieues qui séparent Vernon de Mantes.

A mi-chemin, près de Bonnières, et comme la route fait un coude, nous entendîmes le bruit d'une cavalcade, et tout aussitôt douze hulans, sous-officier en tête, passèrent à nos côtés: leurs chevaux étaient exténués et couverts d'une écume blanche; ils allaient dans la direction de Vernon.

Reconnaissant notre guide pour un habitant de Mantes, le chef nous cria: « Avez-vous vu nos camarades? » (Il prononça kamarattes.) — Non! répondimes-nous, sans attendre d'autres questions. Et ils passèrent. Nous aussi.

Du reste, nulle démonstration offensive contre nous; ils paraissaient avoir d'autres chats à..... garder.

Il est à croire qu'ignorant le sort des Prussiens qui, venus la veille de Mantes, s'étaient fait reconduire si joliment par les mobiles de l'Ardèche, ces cavaliers étaient envoyés en reconnaissance.

Jugeant qu'il était inutile, malgré les instances réitérées de l'habitant de Mantes, de poursuivre notre chemin, nous revînmes à Vernon, où une panique s'était emparée des habitants : les hulans avaient été vus, paraît-il ; on craignait un retour offensif, et l'on se trompait. D'ailleurs, une confiance sans bornes avait remplacé, dans l'esprit des Vernonais éclairés, le découragement qu'une direction timorée avait su faire régner pendant six semaines.

La vigilance des troupes devint extrême ; les patrouilles se firent de jour et de nuit, sur les boulevards de la ville et dans les nombreux fourrés qui l'avoisinent.

———

Voici l'inventaire d'un des chariots pris aux Prussiens à Vernon :

Douze pièces de drap noir et bleu, un baril de miel, cinq robes de femmes, six vieux casques de cuivre paraissant avoir appartenu à des dragons français, quelques paires de sabots, une balle de café, un fort lot de vieux cuivre ; cuirasses aplaties, poignées de sabre, etc., etc. ; un sac de sel, douze manchons de femme, des lampes de toutes sortes, une pendule, environ 400 paires de boucles d'oreilles, de celles-là qu'on vend trois sous la paire dans les bazars.

———

LE COMTE VON KLEIST.

L'affreuse guerre que nous ont faite les Prussiens est toute remplie d'incidents douloureux, et si patriote qu'on soit, on ne peut s'empêcher de déplorer, au point de vue de l'humanité et de la morale universelle, les pertes qu'ont éprouvées journellement les deux peuples.

Le comte Charles von Kleist, tué à Vernon par les mobiles de l'Ardèche, était un homme fort distingué, tout jeune encore, et à qui le plus brillant avenir semblait réservé.

C'est à l'aide des papiers trouvés dans sa valise de campagne qu'il nous est permis de donner des renseignements sur lui-même et sur sa famille.

Ainsi, nous y constatons qu'il avait le grade de capitaine-commandant au 10e régiment de hussards prussiens.

Le comte suivit son corps d'armée à Saint-Germain-en-Laye, car voici une note de restaurateur. On vivait bien, paraît-il, chez MM. les officiers prussiens. Était-ce un repas de corps ? C'est probable :

HOTEL DU PAVILLON HENRI IV.

Ici naquit Louis XIV.

GRAND SALON.

Dîner...	100 fr.	»
Vins : 7 bouteilles Pommery et Gréno.......	56	»
4 — Léoville...................	28	»
2 — Château-Margaux.........	30	»
Café, liqueurs...............	10	35
Cigares.................................	2	10
Total...........	226 fr.	45

Remarquons que cette carte à payer est dépourvue de l'indication : *Pour acquit.*

Parmi la volumineuse correspondance que recevait le commandant, nous traduisons une lettre écrite par sa femme et où les témoignages de la plus touchante affection s'ajoutent à des considérations sur la barbarie et l'inutilité de la lutte qui affligeait depuis trois mois les deux peuples :

Mon bien aimé mari,

La joie est trop grande et, par contre, la douleur trop profonde !

Après la prise de Napoléon, je croyais la guerre terminée, et voilà que nous recevons des journaux qui nous annoncent que la République est proclamée et que les Français menacent de chasser l'ennemi de leur territoire. Chaque goutte de sang qui coulera maintenant sera cependant bien inutile, et, à cause de cela même, d'autant plus horrible.

Par une lettre du vieux M. de Lières, à Gallowitz, j'ai appris que tu avais failli être pris dans la dernière et dangereuse mêlée.

Dieu soit profondément remercié que tu n'aies pas eu ce douloureux sort, et que tu t'en sois heureusement échappé !

Cependant, j'attends avec impatience une lettre de toi, me donnant des détails sur cette affaire.

M. de Lières me dit aussi que six de tes hommes et dix de tes chevaux ont été pris. Comme cela te sera pénible !

Oh ! Charles, comme c'eût été affreux, si tu avais été fait prisonnier. Tu n'aurais plus jamais pu me donner de tes nouvelles. Et quand on pense que ta belle carrière militaire pouvait avoir une pareille fin...

Je n'ai reçu qu'aujourd'hui ta lettre du 26. Merci mille fois, mon mari chéri ! Je l'attendais depuis longtemps, car tu me l'annonçais dans ta lettre du 16, qui, par la Belgique, m'est arrivée si promptement.

Figure-toi qu'il y a aujourd'hui dans un journal belge que, le 29, la cavalerie prussienne a été surprise, à Audien, par l'infanterie française ; que, de part et d'autre, il y a eu plusieurs blessés et plusieurs morts, que quelques Prussiens ont été faits prisonniers, mais aussi que les nôtres se seraient admirablement bien conduits.

Dans tous les cas, es-tu dans l'escadron de cavalerie prussienne dont il est question ?

Demain aura probablement lieu l'enterrement de Hertill. Jeanne et moi, nous avons fait faire une couronne de roses blanches et une de lauriers.

Lina a d'abord conduit les garçons à Rostdam, chez la tante Emma, et elle est revenue cette après-midi.

Nous nous asseyons quelquefois dans le jardin, car heureusement le temps est enfin devenu un peu plus beau..

Je m'en réjouis, surtout à cause de vous tous. Que le Seigneur te protège, toi, mon bien-aimé mari ! Aime-moi toujours !

Je monte maintenant pour faire goûter notre chère petite Isa.. Que Dieu te bénisse !

J'écris souvent à Lucie, afin d'avoir de leurs nouvelles. Ils vont tous bien. Otto a été nommé chef d'escadron, ainsi que Louis.

C'est un sentiment par trop affreux que d'expédier une lettre aussi incompréhensible, en réponse à toutes tes questions ; mais je ne peux cependant pas écrire la même chose dans chacune de mes lettres.

Il est surtout bien pénible d'envoyer ses lettres avec l'incertitude qu'on a de savoir si elles parviendront.

Aujourd'hui, je vais essayer de te faire parvenir celle-ci par le ***. Peut-être t'arrivera-t-elle plus sûrement.

Porte-toi bien, et au revoir !

Ton éternelle et fidèle

CLARY.

Cette lettre était accompagnée de trois lignes de la pauvre baby Isa, à qui l'on avait tenu la main pour qu'elle pût adresser un tendre souvenir à son père.

26 NOVEMBRE.

Des troupes allemandes venues du cantonnement de Cravent ou de Breuilpont attaquent et cernent, vers onze heures du matin, au petit hameau de Normandie, près Blaru, un détachement de 80 mobiles de l'Ardèche placés en grand'gardes sur la lisière de la forêt. Ces braves et énergiques soldats, qui défendent Vernon depuis le 22, tiennent pendant quelque temps l'ennemi en respect ; mais ils fléchissent enfin sous le nombre. Alors, des villageois accourent, effarés, près d'un colonel, dont la conduite fut indigne de lâcheté, et qui, pour l'instant, achève de déjeuner avec d'autres officiers ; ils lui annoncent ce qui se passe et le pressent de secourir la petite troupe menacée. « Allez-y vous-mêmes avec des fourches, » dit le colonel empourpré, entre une lampée d'eau-de-vie et une bouffée de cigare.

Cependant, le rappel rassemble les bataillons, dont les hommes errants emplissaient les rues depuis la matinée, et l'on part. A quelques pas de la barrière qui ferme le chemin de Normandie, sur le bord du bois, tombe le capitaine Rouveure (de l'Ardèche), frappé d'une balle, au moment où il conduisait sa vaillante compagnie vers l'ennemi ; un lieutenant est également tué. Le soir, l'ennemi, refoulé, après un engagement qui lui coûta des pertes sérieuses, reprenait ses positions vers Chaufour, et la mobile, maîtresse du terrain, s'élevait plus encore dans l'estime des habitants.

9 DÉCEMBRE.

A huit heures un quart du matin, des cavaliers prussiens circulent dans la ville. La mairie est immédiatement assiégée. Tous ces gens réclament des logements pour des généraux, des colonels, etc. ; il s'agit certainement d'une occupation. En effet, sur les deux ou trois heures, par la route de Rouen, arrivent régiments sur régiments, détachés de l'armée de Manteuffel, vainqueur de Rouen..., où il est entré, disent-ils, *comme dans du beurre.* Ces éclaireurs retournent sur Rouen, le 12 au matin. Ils partent, mais ils emmènent prisonniers une centaine de pauvres Vernonais.

Dès le 5, sur la nouvelle que l'ennemi menaçait Vernon, tout ce qu'il y avait de soldats s'en était éloigné par la voie de Louviers, encore libre. Les mobilisés avaient été invités à suivre ce mouvement de retraite, et tous, confusément, vers sept heures du soir, dans une sinistre émotion, quittèrent leurs toits, leurs femmes, leurs enfants. On dit qu'assez mal accueillis à Louviers et à Bernay par les autorités, qui ne comprenaient pas leur départ de Vernon, ils reçurent le conseil et même l'ordre de regagner leur pays. Les voilà donc revenant isolément ou par groupes, ignorant l'occupation de Vernon. Environ 100 d'entre eux sont enveloppés sur la route de Gaillon à Vernon, et ce sont eux que les Prussiens s'obstinent à emmener captifs, le 9 décembre.

Leurs concitoyens ne les ont revus que le 14 mars, après trois mois de captivité en Prusse, qui les rendirent malades à leurs familles désolées et affamées ! Deux enfants de Vernon sont restés là-bas, morts loin des leurs...

27 DÉCEMBRE.

Dix-septième jour de l'occupation de Vernon. Rien de particulier n'a marqué le séjour de la troupe maudite; rien, si ce n'est le chagrin causé par sa présence.

———

. Le conseil municipal de Vernon, voulant perpétuer le souvenir des brillants faits d'armes où la mobile de l'Ardèche s'est montrée si résolue, a, par un arrêté du 14 août 1871, décidé qu'une de ses voies de communication, la route d'Ivry, recevrait le nom d'*Avenue de l'Ardèche*.

———

Que le lecteur nous permette, dans cette revue trop rapide des principaux événements de la guerre en Normandie, de bien préciser la position des belligérants.

Nous sommes au 14 octobre :
Les Prussiens, on l'a vu plus haut, occupent Gournay, et se portent de nouveau, mais en nombre, cette fois, sur Gisors, d'où la garde nationale les a repoussés le 8. Depuis deux jours, une colonne de Saxons est à Etrépagny; le 14 même, une escarmouche assez sérieuse a lieu entre les hussards français et un escadron de hulans.

.Le commandant général Estancelin éprouve les plus vives alarmes : Rouen, le siége principal de son commandement, est menacé.

Aussi, réclame-t-il des secours immédiats des villes voisines.

Il télégraphie, conjointement avec le Comité de défense de la Seine-Inférieure, aux autorités du Havre, de Fécamp, de Dieppe, etc. :

« L'ennemi attaque nos troupes; il est en marche sur Rouen; envoyez la garde nationale armée dont vous pouvez disposer, et l'artillerie. »

Ou bien encore:

« Rouen est sérieusement menacé; l'ennemi est à Fleury-sur-Andelle. »

Sur les formelles injonctions des chefs militaires, qui obéissent ou donnent des ordres (?) au Comité de défense du chef-lieu, les gardes nationales du département accourent à Rouen.

Où est le danger? — Ces braves gens le demandent à tous les échos, et les échos restent muets.

On les promène, pendant plusieurs jours, de bureaux en bureaux, de la place de l'Hôtel-de-Ville au Champ-de-Mars, et, finalement, on les invite à regagner leurs localités.

La bonne volonté ne manque pas, pourtant!

Nous avons vu des hommes en blouse et en sabots, armés de mauvais fusils à pierre, ou encore *sans fusils*, se joindre à leurs camarades pour marcher à l'ennemi.

C'était insensé, certainement; mais devait-on ne tenir nul compte de ces dévoûments patriotiques?

Le deuxième bataillon de la mobile du Havre, sous les ordres du commandant Rolin, se rendit à Cressenville, pour y prendre ses cantonnements. Mesnil-Verclives était occupé par les francs-tireurs du Havre. Il fallait, quoiqu'il fût tard déjà, garder la rivière de l'Andelle.

L'Andelle, qui prend sa source à Serqueux, près de Forges, dans le pays de Bray, passe à Croisy-la-Haye, Vascœuil, Perruel, Charleval, arrose Fleury, Radepont, Romilly, et se perd dans la Seine, à Pitre, entre la côte des Deux-Amants et Pont-de-l'Arche, après un parcours d'environ soixante kilomètres. Séparées de la vallée de l'Epte par le plateau du Vexin, les positions de l'Andelle étaient assez importantes pour défendre la Haute-Normandie contre les excursions de l'ennemi. De plus, en couvrant la ligne ferrée de Rouen à Amiens, elles reliaient le nord au sud, et pouvaient servir comme de trait-d'union entre l'armée de Faidherbe et celle de Chanzy.

Bientôt, les Saxons, sous les ordres du prince Albrecht, eurent des postes avancés à Bézu-Saint-Eloi, Dangu, Vesly, les Thilliers et Saint-Clair. Leurs forces totales dans le Vexin et le Beauvoisis étaient d'environ 10,000 hommes, et pouvaient se composer d'une brigade d'infanterie, d'une brigade de cavalerie et d'une division d'artillerie.

Nos lignes du pays de Bray et de la vallée de l'Andelle étaient gardées par deux régiments de cavalerie : 12e chasseurs et 3e hussards ; deux bataillons de marche de ligne, dix à douze bataillons de mobiles, et plusieurs corps de francs-tireurs, guides et éclaireurs de dénominations diverses.

C'est alors qu'une décision appelle, le 18 octobre, M. le général de brigade Briand au commandement de la deuxième division militaire en remplacement de M. le général Gudin, et que, le 21 octobre, M. le colonel de Tucé, commandant le 12e chasseurs, prend le commandement de la subdivision de la Seine-Inférieure.

———

En novembre, les événements nous pressent : des engagements, des combats, des prises et des surprises se succèdent presque sans interruption. On comprendra que, dans le cadre étroit que nous nous sommes tracé, il nous soit matériellement impossible de donner place à tous ces faits ; chaque jour l'ennemi oppose des forces nouvelles à nos armées sans vêtements, sans pain et sans expérience.

De quelque côté qu'on tourne les yeux, on aperçoit beaucoup de courage, beaucoup d'incapacité, des soldats qui se battent en désespérés, et des jeunes gens qui, pris d'épouvante, s'enfuient.

On disait : *se replient.*

De cette campagne, il restera certainement une expression ingénieuse : personne ne battait en retraite, tout le monde se « repliait. » Ah ! mon Dieu ! tous : les fonctionnaires, les chefs, les subordonnés. Sur certains points, il y eut un véritable ensemble dans la reculade...

Mais la fatale capitulation de Metz, dont les préliminaires remontent au 27 octobre, venait de permettre aux Allemands d'utiliser, pour l'établissement de leur seconde ligne de défense autour de Paris, les nombreuses troupes qui avaient rançonné le maréchal Bazaine.

Aussi, leurs moyens d'action, en Normandie, furent doublés, triplés même.

Le système d'envahissement comprit non seulement le Seine-Inférieure et l'Eure, mais encore l'Orne et les confins du Calvados.

Quelques récits, maintenant ; nous allons voguer en plein océan d'horreurs :

A Guitry (Eure), des Prussiens en fureur mettent le feu, frappent les habitants de la manière la plus ignominieuse : ils les déshabillent, les couchent à plat ventre sur les mètres de cailloux qui bordent la rue, et les frappent à coups de crosse de fusil ; ils tuent six personnes, en blessent beaucoup d'autres, qui meurent des suites de ces brutalités. Ils poursuivent, le pistolet au poing, M. Besnard, maire de Guitry, homme courageux et qui a montré beaucoup de sang-froid ; ils brûlent la plus grande partie de sa belle ferme de Guitry ; ailleurs, ils incendient les granges, les écuries, les meules de blé : nous avons vu des restes fumants, au milieu desquels était encore un cheval carbonisé. La vérité est que pas un coup de feu n'avait été tiré sur les Prussiens, que pas une menace ne leur avait été faite sur le territoire de Guitry : mais ils prenaient les coups de feu tirés par leurs cama rades, qui fusillaient à tort et à travers, pour des coups tirés sur eux. Ils ont insulté et menacé le curé de Guitry, qui, au milieu des cris et des pleurs, ramassait les morts et étanchait le sang des blessés.

Les Prussiens lui mettaient le pistolet sous la gorge, en disant : « Vos pas toucher à cela. » Mais le courageux jeune homme n'en continuait pas moins son double ministère de prêtre et d'infirmier.

Enfin, ces soldats furieux, réunis à ceux qui, peu de temps avant, étaient à Mouflaines, ce qui pouvait en élever le nombre à 1,000 ou 1,200, et pourvus de canons, se dirigèrent vers Forêt-la-Folie. A leur arrivée, pendant qu'ils braquaient leurs canons, 25 francs-tireurs, cachés dans un bois, les ont accueillis par une vive fusillade, et se sont sauvés en escaladant les murs d'une ferme exploitée par M. Champigny. C'est alors que les Prussiens ont commencé le bombardement du pays, de dix heures et demie à onze heures. Les boulets, les obus, brisaient les toits, renversaient des pans de murailles. Après quoi, les Prussiens entrèrent dans la ferme, dont quelques francs-tireurs avaient escaladé les murs en prenant la fuite ; ils y trouvèrent M. Champigny, homme inoffensif. Ce malheureux fut immédiatement frappé de six balles qui lui traversèrent le corps ; les Prussiens, ne le trouvant pas suffisamment blessé, revinrent l'achever : puis, ils maltraitèrent sa fille, restée seule. Ils la contraignirent de les conduire dans tous les bâtiments pour s'assurer qu'il n'y avait pas d'hommes armés.

En même temps, d'autres assommaient un garde forestier, M. Laîné, et frappaient sa fille, âgée de douze à quatorze ans : la malheureuse enfant n'avait commis d'autre crime que de vouloir éloigner ces meurtriers du corps de son père.

Pendant ces scènes de terreur, s'avançaient, dans le milieu du pays, les soldats prussiens tirant sur les habitants. M. l'abbé Degenétay, curé de Forêt-la-Folie, s'élance dans la rue au milieu des balles et des

cris, et, saisissant le chef des Prussiens par l'épaule,
lui demande grâce pour tous ces êtres innocents :

— Pas de grâce ! répond le chef, nous allons brûler
tout le pays, et vous, vous allez être fusillé.

Aussitôt, M. Degenélay est entouré par les Prussiens, qui le poussent, le blessent de leurs baïonnettes
et l'entraînent avec eux.

———

Le 10 novembre, 500 Prussiens se présentent dans
le bourg d'Ecos, et consomment dans un seul déjeuner 117 kilogrammes de viande et 120 kilogrammes
de pain, le tout arrosé de 130 litres de vin. Ils n'oublient pas, en se retirant, d'emporter toutes les armes
à feu des habitants.

A Hébécourt, le vendredi 11, une douzaine de francs-tireurs s'embusquent derrière le cimetière. Passe une
escouade de quatre hulans commandée par un officier.
Une fusillade éclate : l'officier tombe, les quatre hulans
enfilent la venelle et disparaissent.

Deux heures après, ils reviennent avec une centaine
de leurs camarades et deux ou trois mauvais canons,
entourent le village, le bombardent et y mettent le
feu. Sur quatre-vingts maisons, quatre restent debout.
Les Prussiens arrivent au milieu de ces ruines, que la
plupart des habitants se sont empressés de déserter.
Ils y trouvent le curé, un estimable vieillard, presque
infirme ; ils lui font monter, en courant et en le piquant
à coups de lances, la côte d'Hébécourt, et le martyrisent jusqu'à ce qu'il tombe mort sur la place.

Le même jour, quelques cavaliers prussiens se présentent à Nojeon-le-Sec et à Hacqueville ; ils prennent
tout ce qu'ils peuvent trouver de provisions alimentaires, fourrages, bestiaux, etc. D'autres en font
autant à Saussay-la-Vache, à Farceaux, à Richeville,
à Suzay, au Thil.

Toute la journée, ils vaquent tranquillement à cette agréable besogne, et rentrent le soir à leur campement sans avoir été le moins du monde inquiétés !

COMBAT DU THIL.

L'importance relative de l'affaire du Thil, où la garde mobile du Havre et plusieurs bataillons de mobiles se distinguèrent, nous a paru mériter un chapitre spécial.

Dans la nuit du 5 au 6 novembre, le lieutenant-colonel Laigneau, du 12ᵉ chasseurs, commandant par intérim les troupes de la vallée de l'Andelle, fut averti que l'ennemi avait réquisitionné les habitations du Thil, en les menaçant de venir incendier le village le lendemain matin. Aussitôt des ordres furent expédiés aux divers cantonnements de Cressenville, Charleval, Ménesqueville et du Mesnil-Verclives, pour prévenir les différents corps de se tenir prêts à partir de bonne heure.

D'après les instructions particulières données au 2ᵉ bataillon de la garde mobile de la Seine-Inférieure, le détachement du Mesnil-Verclives, précédé de la 1ʳᵉ compagnie des francs-tireurs du Havre, sous les ordres du commandant Rolin, devait rallier, un peu en avant d'Ecouis, les autres compagnies du même bataillon, cantonnées à Cressenville, sous les ordres du lieutenant-colonel Welter. Ces deux détachements se mirent en route vers sept heures et demie, au bruit du canon ennemi. Les Prussiens, au nombre de 12 à 1,500 environ, avec deux escadrons de cavalerie et quatre pièces d'artillerie, attaquaient le Thil, où ils avaient surpris un bataillon de mobiles de l'Oise.

Ceux-ci battaient en retraite, laissant entre les mains de l'ennemi une soixantaine de prisonniers.

Le lieutenant-colonel Welter, arrivé à Ecouis vers huit heures et demie du matin, envoya la 8ᵉ compagnie comme renfort au commandant Rolin, qui, toujours précédé de la 1ʳᵉ compagnie des francs-tireurs havrais, marchait au canon dans la direction du Thil; puis il détacha le reste du bataillon, sous les ordres du capitaine-adjudant-major de Croixmare, en avant de Mussegros, à l'embranchement de la route des Andelys, avec mission de surveiller celle de Magny. On avait adjoint à ce dernier détachement deux compagnies des Landes et un peloton du 12ᵉ chasseurs.

Ces dispositions prises, le lieutenant-colonel Laigneau, à la tête du 12ᵉ chasseurs et précédé de plusieurs compagnies du 2ᵉ bataillon, dont la première était déployée en tirailleurs, marcha sur la route du Thil. Il fut rejoint peu de temps après par plusieurs bataillons de mobiles, qu'il disposa en deux colonnes de chaque côté de la route. La colonne de droite, ayant en tête les compagnies du Havre, était commandée par le lieutenant-colonel Welter; celle de gauche, par le lieutenant-colonel des mobiles de l'Oise. C'est dans cet ordre que les troupes arrivèrent jusqu'à 1,500 mètres du Thil. L'ennemi, qui avait mis deux pièces en batterie dans le parc du château, accueillit la colonne par quelques obus à fusées, presque tous trop courts, mais dont quelques-uns, néanmoins, éclatèrent aux pieds des mobiles, qui firent bonne contenance. Cependant, la section d'artillerie qui accompagnait la colonne ayant mis deux pièces en batterie, à l'intersection du chemin de fer et de la route, et à quelques mètres en avant du passage à niveau, avait fait taire l'artillerie ennemie et démonté une de ses pièces.

Il était environ midi lorsque le feu cessa. Nos troupes, qui se sentaient soutenues par le canon français, *qu'elles entendaient pour la première fois*, brûlaient du désir de poursuivre l'ennemi et n'attendaient qu'un signal; mais, malgré leur impatience, elles durent rester en observation. A trois heures du soir, elles reçurent l'ordre de reprendre leurs cantonnements.

Les obus que les Prussiens dirigèrent sur le village du Thil atteignirent, ce jour-là, plusieurs chaumières, seul refuge et unique ressource des pauvres gens qui les habitaient, et la maison d'un fermier, criblée par les projectiles.

En retournant à leur quartier général de Gisors, les Allemands emmenèrent 13 vaches, 40 sacs d'avoine et du fourrage, pris dans le Thil, que, du reste, ils avaient mis au pillage.

Quelques heures avant l'engagement, le vicaire d'Étrépagny fut fait prisonnier, avec une dizaine de paysans.

MM. Pichard frères, aussi d'Étrépagny, reçurent des coups de crosse et furent conduits entre le Thil et Étrépagny, où on les interrogea; enfin, on les laissa libres.

Mais il est un fait plus grave qui a marqué cette journée :

Un vieillard, M. Goufflier, est accosté par des Prussiens qui, sous prétexte qu'il est franc-tireur (il n'en avait ni la tenue ni les armes), lui déchargent trois coups de fusil à bout portant, et, comme il n'était pas mort et poussait des gémissements, il est traîné sur la route. Deux coups de feu sont encore tirés sur le corps agonisant. La guérilla rouennaise a pu voir le cadavre et les cheveux blancs de l'infortuné vieillard.

ÉVREUX.

Pendant ce temps, les nouvelles officielles que nous transmettait par télégraphe la délégation du gouvernement, établie à Tours, dénotaient la plus complète ignorance des faits.

Nous n'en voulons pour preuves que les dépêches suivantes :

Tours, le 8 octobre, 12 h. 30.

Le ministre de l'intérieur au préfet de la Seine-Inférieure.

Un décret du gouvernement central ajourne les élections générales.

Evreux. — Le corps prussien qui marchait sur Évreux parait se replier sur Mantes.

Les Prussiens sont entrés hier à Ablis. Ils ont coupé les fils télégraphiques et les disques du chemin de fer, puis ils ont pillé la maison du garde-barrière ; 300 sont campés à trois kilomètres.

Tours, 8 octobre, 10 h. 15 matin.

On télégraphie d'Évreux, le 7, que l'ennemi semble renoncer à marcher sur cette ville et se replie sur Mantes.

Tours, 8 octobre.

L'attaque des Prussiens dans la direction de Gisors et de Gournay est considérée comme une feinte pour couvrir un mouvement plus important, afin de détruire les chemins de fer de la Normandie au sud de la Seine.

Comment n'eût-on pas été trompé par de pareilles informations ?

Jamais, disons-le, les Prussiens n'avaient complétement renoncé à marcher sur Évreux. C'était une garnison trop importante pour que leurs officiers songeassent à ne pas l'occuper.

Aussi, plusieurs attaques furent-elles dirigées, en novembre, contre cette ville.

Mais, dès le commencement de ce mois, la garde

nationale sédentaire avait déployé le plus grand zèle pour se mettre à la hauteur des circonstances. L'équipement s'était complété ; l'instruction se faisait journellement, et des épreuves de tir au canon et au fusil avaient lieu sans relâche.

Les canons provenaient de diverses fabriques. Les fonderies d'Elbeuf, de Louviers, avaient envoyé leurs produits, rivalisant de perfection.

Évreux avait son canon et sa mitrailleuse, produits des fonderies du pays, sous la direction de ses ingénieurs.

Enfin, en cas d'attaque, tout faisait prévoir que, si les gardes nationaux étaient le moins du monde appuyés par des troupes régulières, ils sauraient défendre, non sans succès, l'entrée de leur cité.

Le samedi 17 novembre, un certain nombre de canons sont pointés sur Évreux par une colonne prussienne ; l'alerte est aussitôt donnée, et les citoyens d'Évreux, armés à la hâte, repoussent l'ennemi, sans le secours du général de Kersalaün, replié à Serquigny.

Cette réussite ne fit pourtant que reculer la prise du chef-lieu de l'Eure.

Une forte garnison prussienne y fut, comme à Rouen, en permanence, mais seulement jusqu'à la signature du traité de paix, qui spécifiait l'évacuation de cette partie du département.

Les vexations imposées aux habitants, les réquisitions exigées y furent grandes et en raison directe de la résistance qu'on avait opposée à l'oppresseur.

Un Prussien, chef de hulans, le sieur Von Porembsky, véritable soudard, cruel et ridicule, fut nommé préfet de l'Eure et commit des actes de la plus stupide méchanceté.

5

DEUXIÈME PHASE DE L'INVASION

30 NOVEMBRE 1870. — 22 JUILLET 1871.

La première période de l'invasion de la Normandie est terminée. Plus d'attaques subites des corps francs livrés à leurs seules ressources ; plus d'embuscades derrière les haies ou les vieux arbres vermoulus, couchés au croisement des ravins ; plus de contre-marches inutiles par la pluie et par l'ouragan ; plus de balles perdues, isolément lancées à toute une troupe ennemie. Les épisodes sanglants vont faire place aux grands mouvements stratégiques ; d'un côté comme de l'autre, on s'est organisé pour la lutte sérieuse, et la carte de la Normandie est l'immense tapis vert où va se jouer le jeu sanglant des nationalités.

Cette deuxième phase de l'invasion a soulevé moins de clameurs que la première, mais elle a fait verser plus de larmes ; la colère y est moins enfiévrée, mais la haine s'y fait plus vivace. Les coups de fusil sont moins nombreux, mais, dans le canon de toute arme, il y a la malédiction qui vise au cœur comme le projectile.

Période implacable ! plus terrible, en vérité, que celle qui l'a précédée, car tout s'y trouve : les défaillances, le soupçon, la faiblesse, les rancunes de partis, le désir de vaincre et la seule possibilité de mourir.....

Et pour quels résultats encore ?

Ah ! vous qui dormez à Bizy, à Moulineaux, à Saint-Romain, à Buchy, vous tous, pauvres et obscurs défenseurs de la patrie, reposez en paix ! Vous êtes tombés le sourire aux lèvres, croyant naïvement au triomphe final du pays ! Vous n'avez pas vu vos foyers souillés par la présence du vainqueur, vos femmes et vos filles insultées, vos souvenirs les plus précieux enlevés par ces mains rapaces. Reposez en paix ! Quand vos yeux se fermèrent, la nation, armée et frissonnante, pouvait encore être sauvée ; les miracles attendus se seraient peut-être réalisés. En tout cas, elle était riche encore et de sang et d'argent ; elle avait toujours le droit de s'appeler la grande France !

ÉTRÉPAGNY.

NUIT DU 29 AU 30 NOVEMBRE 1870. — JOURNÉE DU 30.

Nommé depuis quelques jours seulement, et pour la seconde fois, au commandement de la 2ᵉ division militaire, qui, par suite de la révocation de M. de Kersalaün, comprenait le département de l'Eure, joint à celui de la Seine-Inférieure, le général Briand résolut d'effectuer un grand mouvement offensif, dans le but de reprendre à l'ennemi l'importante position de Gisors.

Ce fut la nuit du 29 au 30 novembre qu'il choisit pour cette expédition.

Ce fait d'armes, qui a donné lieu à des controverses passionnées, mérite d'être examiné de près et sans aucun parti pris (1).

(1) Nous nous sommes rendu sur les lieux dès le 30 novembre, alors que l'incendie allumé par les Prussiens, et dont il sera question plus loin, dévorait la malheureuse petite ville d'Etrépagny ; nous avons donc pu recueillir les renseignements les plus circonstanciés. Mais, désireux, dans une affaire aussi grave, de nous appuyer sur des documents probants ou officiels, nous avons consulté les rapports du général Briand, du commandant Rolin, la lettre de M. Le Couteulx, maire d'Etrépagny, et enfin le récit publié par M. le baron Ernouf, châtelain à Mesnil-Verclives.

L'objectif du général étant Gisors, dont il voulait
s'emparer par un coup de main, voici quelles avaient
été les dispositions prises :

Les troupes étaient divisées en trois colonnes :

1° La colonne de gauche, sous les ordres du colonel
Mocquart, et composée des éclaireurs du même nom,
des francs-tireurs de Rouen, du Nord et d'Elbeuf,
devait, en passant par Saint-Denis-le-Ferment, Bazin-
court et Villers-sur-Trie, aller intercepter, par Trie-
Château, la route de Beauvais.

La grande ambulance irlandaise accompagnait ces
troupes.

2° La colonne de droite, ayant en tête les francs-
tireurs du Havre, était commandée par le lieutenant-
colonel des mobiles de l'Oise ; elle se composait des
trois bataillons de mobiles du même département, des
marins et de la compagnie de marche de Dieppe et des
francs-tireurs des Andelys. Cette colonne avait l'ordre
de marcher sur les Thilliers-en-Vexin. Là, les francs-
tireurs du Havre, continuant leur route, devaient surprendre un poste de cavalerie à Saint-Clair-sur-Epte,
tandis que le reste de la colonne, se dirigeant sur
Dangu, y passait l'Epte, et, après avoir enlevé la garnison, allait contourner Gisors et couper la retraite à
l'ennemi par la route de Pontoise à Paris.

Et 3° enfin, la colonne du centre ou d'attaque, sous
les ordres directs du général Briand, avait en tête les
compagnies de marche des 41e et 94e de ligne, suivies
des bataillons des mobiles de la Loire-Inférieure, des
Hautes-Pyrénées, des Landes, et d'une nombreuse
artillerie.

Le 2e bataillon de la garde mobile du Havre, dans
lequel le général Briand avait pleine confiance, fut
désigné, avec le 12e régiment de chasseurs, pour former la réserve.

Avant de partir d'Ecouis, on apprit qu'Etrépagny
venait d'être occupé, le soir même, par un détachement saxon, fort de 1,000 à 1,200 hommes, et composé

d'un bataillon d'infanterie, de deux escadrons de cavalerie, et de deux pièces d'artillerie ; mais, en ce moment, la colonne de gauche était déjà en marche, et rien ne fut changé aux dispositions qui avaient été adoptées.

On se mit en route vers neuf heures. Il faisait un froid très vif et une nuit profonde. Le silence le plus absolu régnait dans la campagne. Vers une heure du matin, le général Briand et ses troupes arrivèrent à l'entrée d'Etrépagny ; les vedettes prussiennes avaient déjà donné l'alarme au moyen de leurs fusées à signaux, et le poste qui était en avant de la ville accueillit la tête de colonne par un feu des plus vifs.

Les Allemands, retranchés dans les maisons d'Etrépagny, furent, contre leur habitude, surpris par l'attaque résolue des Français. Leur cavalerie essaya des charges qui n'eurent d'autre résultat que d'augmenter, de leur côté, le nombre des morts.

Le combat fut acharné ; les ténèbres le rendaient plus épouvantable encore. Ce n'était pas une minime dose de courage et de volonté qu'il fallait à nos soldats pour s'aventurer ainsi dans une ville livrée à l'ennemi, et où il lui était facile de transformer en autant de forteresses les maisons qu'il occupait.

La crainte de tuer d'inoffensifs habitants contribuait encore à rendre perplexes les assaillants.

Quant au général Briand, suivi de quelques jeunes et intrépides officiers, il fit preuve du plus grand courage. Le soldat d'Afrique, excité par ce combat d'embuscades, se retrouva, fougueux, criant ses ordres dans la mêlée et se battant comme un lion. Il eut un cheval tué sous lui.

L'*Historique du 2ᵉ bataillon de la Mobile de la Seine-Inférieure* s'exprime ainsi :

« Deux compagnies furent d'abord demandées comme renfort ; les autres suivirent peu de temps après et furent employées à fouiller les maisons qui avoisinent les halles, où elles firent de nombreux prisonniers. L'une de ces compagnies, dirigée par le général Briand lui-même, fut lancée dans la direction de la gare, où l'ennemi opposait encore une vive résistance. Le reste du deuxième bataillon traversa Etrépagny dans toute sa longueur, franchissant de véritables barricades d'attelages renversés et de chevaux tués ou mourants.

» A la sortie d'Etrépagny, nous nous attendions à continuer notre mouvement sur Gisors et à poursuivre l'ennemi, qui fuyait dans le plus grand désordre, lorsque le signal de la retraite nous fut donné. »

Pourquoi fut-il donné, ce signal de la retraite?
Le rapport du 2ᵉ bataillon va nous le faire deviner :

« Par suite d'un mouvement d'hésitation qui s'était produit dans un ou deux bataillons de mobiles, hésitation qui peut s'expliquer chez des troupes jeunes encore et peu faites aux dangers d'un combat de nuit, le général Briand avait été dans la nécessité d'engager tout son monde, et, dans le cas d'un retour offensif, notre bataillon était le seul qu'il eût sous la main. *Ayant, en outre, appris l'insuccès de la colonne de droite dans sa tentative sur Dangu*, il jugea que la réussite de son coup de main sur Gisors était compromise, et il dut se contenter du résultat obtenu, résultat qui, d'ailleurs, était assez satisfaisant: soixante à quatre-vingts Saxons tués, une centaine de prisonniers, dont plusieurs officiers, un canon pris avec un caisson, une quantité d'armes, de munitions et de chevaux. De notre côté, nous avions eu cinq hommes tués et environ quinze blessés, dont un capitaine du bataillon de marche (M. Chrysostome.) »

A propos de cette affaire d'Etrépagny, un écrivain militaire a publié les lignes suivantes :

« .... Déjà nos soldats fouillaient les maisons d'où partaient encore des coups de feu: tout ce qui s'y trou-

vait fut tué ou pris. Ils étaient secondés dans cette
recherche par les francs-tireurs, et surtout par M. Lecouturier, entrepreneur de travaux et propriétaire à
Fleury, qui accompagnait la troupe comme volontaire
et connaissait parfaitement les localités. Plusieurs de
ces ennemis tentaient encore de résister ; l'un d'eux,
un officier, fut abattu par M. Lecouturier, qu'il avait
blessé à la main d'un coup de sabre. La belle conduite
de ce citoyen a été justement récompensée par la
décoration, MAIS LES JOURNAUX SE PRESSÈRENT TROP DE
PARLER DE LUI (1), et, quelques jours après, le van-
dalisme des Prussiens lui fit chèrement payer sa
gloire. »

En effet, peu de temps après le combat nocturne
d'Etrépagny, des soldats saxons envahirent la maison
de M. Lecouturier, qui réussit, non sans peine, à se
réfugier chez des amis dévoués.

Quant à la ville elle-même, voici ce qu'il en advint:

Après que les Français eurent quitté Etrépagny,
l'ennemi, pour punir la localité de l'échec qu'il y avait
subi, revint, au nombre de 150 environ, et mit le feu
à plusieurs fermes, depuis la route de Doudeauville
jusqu'à une distance de 200 mètres du chemin de
Saint-Martin.

Presque toutes les habitations du bourg furent
réduites en cendres.

Les Prussiens, fidèles à leur système de réquisitions
iniques, pillèrent les maisons et même, dans une
ferme, ils s'emparèrent de huit chevaux, puis, comme
il en restait un neuvième, ils le tuèrent.

D'ailleurs, ils ne s'en tinrent pas là.

Plusieurs habitants furent battus, faits prisonniers
et traînés à la suite des cavaliers ennemis.

---

(1) Les journaux ne se pressèrent pas trop de nommer M. Lecouturier.
comme l'affirme M. le baron Ernouf, dans ce récit publié par le *Nouvelliste de Rouen*. C'est de l'amplification et de l'inexactitude. « Un seul journal se pressa trop de parler, » voilà ce qui serait plus vrai.
Et ce journal s'appelle le *Nouvelliste de Rouen*.

Un détail : les incendiaires avaient soin de faire sortir les habitants des maisons qu'ils se disposaient à brûler ; toutefois, ils s'opposaient à ce que ces habitants enlevassent aucune des pièces de leur mobilier.

Tout fiers de leurs exploits, ils firent ensuite une sorte de cavalcade autour du malheureux pays qui venait d'être réduit à la misère.

Comme il faut que tous les procédés des sujets du roi de Prusse soient connus, disons encore qu'ils se faisaient, de force, donner des allumettes chimiques par les habitants pour brûler les propriétés, et qu'on a vu des Saxons accepter de l'argent de ces pauvres gens pour épargner leurs maisons, qui, s'enflammant peu de temps après au voisinage de l'incendie, brûlaient comme celles dont les propriétaires n'avaient pas souscrit à cette assurance d'un nouveau genre.

Pendant ce temps, la colonne de gauche, que commandait le colonel Mocquart, postée dans les bois qui avoisinent Gisors, attendait toujours le signal qui devait lui ordonner de pénétrer dans la ville, simultanément avec les troupes du général Briand et la colonne de droite.

Mais, on l'a vu, le centre, retardé par un combat inattendu, ne pouvait être exact au rendez-vous donné ; quant à la droite, une autre circonstance l'avait arrêtée vers Dangu.

Force fut donc aux éclaireurs de quitter la partie...

La tentative de délivrance d'un département n'avait pas réussi !

« Les pertes causées par le combat du 30 novembre et l'incendie ont été évaluées par les deux commissions nommées *ad hoc* à la somme de 941,016 fr., indépendamment des autres réquisitions en nature et en argent, évaluées à 95,000 fr.

» Quelles pertes pour une petite ville qui compte à peine 1,600 habitants ! »

(Lettre de M. le comte Lecouteulx, maire d'Etrépagny, au préfet de l'Eure.)

Epilogue. — En rentrant, le 4 novembre, à Fleury-sur-Andelle, son quartier-général, M. Briand recevait une dépêche du gouvernement, lui enjoignant de préparer immédiatement une forte colonne pour marcher avec elle au secours de Paris assiégé (1).

COMBATS DE BUCHY ET DE BOSC-LE-HARD.

4 DÉCEMBRE 1870.

Les affaires de Buchy et de Bosc-le-Hard, qui devaient décider du sort de la ville de Rouen, ont longtemps été couvertes d'une ombre singulière. La présence — hélas ! si prolongée — des Prussiens dans la capitale de la Normandie paralysait vraisemblablement les révélateurs. Mais, depuis le départ de l'oppresseur, les faits ont été racontés à la presse locale, dont un devoir d'intérêt public retenait la plume, et nous allons mettre sous les yeux du lecteur ce qui s'est imprimé relativement à ce combat.

Ce sont, d'abord, les renseigements suivants, fournis par un membre de l'administration municipale de Buchy :

Le 3 décembre 1870, plus de 10,000 hommes, sous le commandement de M. Mouchez, et parmi lesquels des mobilisés, la 5ᵉ compagnie de marche, un bataillon d'éclaireurs de la Seine, connu sous le nom de francs-tireurs Mocquart, un régiment de cavalerie (le 3ᵉ de hussards), une batterie d'artillerie et la moitié de la garde mobilisée de Rouen, se massaient à Buchy,

---

(1) Voir aux DOCUMENTS les lettres du général Briand en réponse à une brochure intitulée : *Pourquoi Rouen ne s'est pas défendu*, et un extrait du procès-verbal de la séance du Conseil municipal de Rouen, du 11 Janvier 1871, relatif à ces lettres.

dans le bourg et dans les villages environnants. Mais les ordres étaient mal donnés : aucune intendance ne veillait au nécessaire de toute cette troupe.

Vers minuit, un autre bataillon des mobilisés de Rouen, exténué d'une marche de sept lieues, sous la pluie battante, arrivait encore, sans distribution de vivres, dans un pays où le peu que possédaient les habitants avait été largement consommé. Plus d'abri, pas de pain.

Cependant, à deux heures du matin, un adjoint au maire de Rouen, M. Barrabé, apporta des provisions de bouche. Peu de temps après, elles durent tomber aux mains de l'ennemi.

On dit que, cette même nuit, l'ordre fut expédié de la division de ne faire qu'un simulacre de défense. C'est un bruit qui fut assez répandu pour qu'on le note ici.

Quoi qu'il en soit, les éclaireurs Mocquart, qui avaient été prévenus de l'approche des Prussiens, partirent bravement au-devant d'eux. Il pouvait être quatre heures du matin. Les Mocquart se dirigèrent vers le Mont-Albout, pour en occuper les pentes. Ils traînaient péniblement trois pièces d'artillerie.

Le nombre de nos canons, dans toute cette guerre, a été dérisoirement disproportionné avec celui dont disposait l'ennemi.

Avant le jour, la fusillade et la canonnade s'engagèrent avec les Mocquart et la première colonne prussienne.

De Buchy, on entendait le canon très distinctement, vers sept heures et demie du matin.

Au début de l'action, une de nos pièces fut démontée ; les deux autres soutinrent le feu de leur mieux, mais forcées enfin de se retirer, elles ne reparurent qu'à neuf heures et demie dans Buchy.

Par suite de la réception d'instructions impératives, — à ce qu'on suppose, — nos cavaliers, qui s'étaient disposés à suivre la route de Forges et à marcher en avant, reprirent la direction de Rouen. De nombreux soldats les suivirent par petits détachements isolés, ou deux à deux ; beaucoup étaient écloppés, tous avaient faim.

Cependant, les Mocquart, aidés par un bataillon de mobiles de l'Oise, continuaient jusqu'à dix heures la résistance, soutenus par la 5e compagnie de marche, composée de débris de divers régiments de ligne.

Enfin, ces soldats, dont l'effectif ne dépassait guère 2,500 hommes, cédèrent au nombre. Il leur fallut bien se replier, sous peine d'être enveloppés par l'armée allemande et faits prisonniers.

Cette tentative de défense, cette lutte courageuse de quatre heures où les Mocquart perdirent relativement beaucoup de monde, constitue à peu près tout ce qui a pris, depuis, le nom de combat de Buchy.

La retraite commença donc, mais au pas ordinaire; la petite colonne, en s'engageant sur la route de Rouen, fut accompagnée par ce qui restait de mobilisés sur la place ; ils n'avaient reçu ni ordres, ni vivres ; ils ne savaient que devenir ; ils étaient fort découragés par l'inertie de certains chefs.

A onze heures, les Prussiens prenaient possession du village, et l'on put voir à quelles forces redoutables une poignée de braves avaient résisté : la ligne de bataille de l'armée allemande avait un développement de 24 kilomètres, soit de Saint-Saens à Ry. L'artillerie qui défila sur la place de Buchy se composait de 70 pièces de divers calibres.

L'évaluation des troupes peut être, sans exagération, de 40,000 hommes environ, se dirigeant sur le chef-lieu. Et pourtant, en gravissant les hauteurs de la Croix-du-Parc, ils avaient laissé 300 des leurs. Nos pertes ne furent que de quelques tués et blessés; mais, en entrant dans le village, les Prussiens firent, sans grand'peine, un nombre assez considérable de prisonniers. Il y avait tant de désespoir dans le cœur de tous les militaires français, que la plupart n'avaient pas même la volonté de fuir.

Voici maintenant une relation écrite au point de vue du rôle que joua la section de l'artillerie dans cette affaire :

A deux heures et demie après midi, M. le lieutenant-colonel de Beaumont ordonna au chef de cette section de se mettre au plus tôt aux ordres du colonel Mocquart pour occuper le plateau des Forgettes.

Malheureusement, le colonel Mocquart, occupé sur un autre point, fut introuvable (1).

Laissons ici la parole au commandant de la section d'artillerie :

« ... Le hasard me fit rencontrer M. le commandant Halbout, du même régiment : je reçus de lui l'ordre de me tenir prêt à partir à cinq heures du matin.

» A cinq heures, nous nous mettions en marche, et, à six heures et demie, nous occupions la position où a eu lieu le combat. C'était le plateau situé au coude formé par la route départementale n° 11, entre Bosc-Bordel et Mauquenchy, notre droite appuyée au bois Fortin, et notre gauche à un petit bois qui se trouve en ligne directe entre Bosc-Bordel et Sommery.

» A sept heures, l'artillerie prussienne nous envoya un obus. Je fis avancer mes deux pièces (et non trois) jusqu'à l'extrémité du plateau, et l'action s'engagea.

» Mais, aux premiers obus que j'envoyai, il me fut facile de reconnaître que la distance qui nous séparait était trop grande. J'avais deux pièces de 12 à âme lisse, dont la portée est de 1,200 mètres, et l'artillerie prussienne était à plus de 2,000 mètres de nous.

» Néanmoins, je restai à la place qui m'avait été assignée, tirant quelques coups de temps en temps, car je craignais, en battant si tôt en retraite, de décou-

---

(1) Lettre adressée au *Journal de Rouen* par M. Aumont, commandant la section d'artillerie.

rager les jeunes troupes qui étaient appelées à prendre part au combat.

» Au bout d'une demi-heure environ, l'infanterie prussienne commença son mouvement tournant par les hauteurs qui conduisent de Mauquenchy à Sommery, essayant donc de déborder notre gauche. Alors seulement je pus employer utilement les pièces que je commandais : je changeai mon objectif et je fis ouvrir le feu sur les colonnes d'infanterie qui passaient à 900 ou 1,000 mètres de moi ; mais deux pièces ne pouvaient suffire pour arrêter ces colonnes, qui se succédaient sans relâche, et bientôt nous fûmes tournés.

» A ce moment, et peut-être même avant, a dû arriver l'ordre de battre en retraite ; en tout cas, je ne l'ai su qu'en voyant nos troupes se replier.

» Inutile, dès-lors, et sachant que la position était tournée, je commandai d'amener les avant-trains. La première pièce était en marche, et la seconde allait s'ébranler, quand un projectile prussien est arrivé, frappant le bout de crosse-lunette, le crochet-cheville ouvrière, le grand crochet de prolonge, la fourchette, et renversant le coffre à munitions. Tout a été brisé. Les chevaux, ressentant cette formidable secousse, se sont emportés et jetés çà et là, traînant derrière eux les débris de l'avant-train ; les conducteurs des deux caissons et de l'autre pièce ont piqué des deux pour éviter ces chevaux rendus furieux, et, dans le tumulte, mes hommes ont disparu.

. . . .

» Aux Mocquart reviennent les honneurs de cette malheureuse journée : pendant près de quatre heures, ils ont arrêté l'ennemi pied à pied, lui faisant acheter bien cher le succès.

» La retraite a été couverte par le 3e hussards et le 5e bataillon de marche, commandant Barrau. La 1re compagnie de ce bataillon, déployée en tirailleurs entre Bosc-Bordel et Buchy, a perdu en morts, blessés ou prisonniers, 30 hommes, dont un officier.

» Un escadron du 3ᵉ hussards a plus spécialement chargé pour retarder la poursuite de l'ennemi, et c'est pour moi un véritable regret de ne pouvoir vous indiquer le numéro de cet escadron ; du reste, monsieur, pour nous, qui avons pu apprécier ce régiment pendant toute la campagne, peu importe ; car nous le tenons pour l'un des plus braves de l'armée française, et ce qu'un escadron faisait en cet endroit, les autres le faisaient ailleurs, sitôt que l'occasion s'en présentait.

» Il n'y avait donc à ce combat que deux pièces de notre côté ; à peu de distance, pourtant, était M. le lieutenant-colonel Keiffer, avec une autre section du 10ᵉ ; on jugea bon de le laisser dans l'inaction, alors qu'il ne demandait qu'à marcher.

» On estimait sans doute que deux pièces *lisses* françaises suffisaient pour répondre à 70 canons prussiens, puisque tel est le chiffre indiqué par un témoin oculaire. »

––––––––

Du côté de l'ennemi, le principal corps d'armée, parti de Neufchâtel, avait balayé la route à coups de canon, chassé les troupes françaises campées à Saint-Martin et Rocquemont, et, dès dix heures du matin, il occupait ces deux points avec des forces considérables. Enfin, 3 à 4,000 Prussiens, passant par le Petit-Cretot et Esteville, se dirigeaient sur Bosc-le-Hard.

Le bourg de Bosc-le-Hard, le plus important de la contrée, est situé au point d'intersection de l'embranchement de Dieppe à Buchy avec la route de Fontaine-le-Bourg à Bellencombre ; il est distant d'environ 5 kilomètres nord-est de Cléres et de 15 kilomètres nord-ouest de Buchy.

C'est là qu'un bataillon de mobiles, le 2ᵉ de la Seine-Inférieure, engagea la lutte, ou plutôt la subit.

« L'engagement, dit le commandant Rolin, dura près de deux heures, en variant d'intensité ; mais, pendant quarante-cinq minutes, nous fûmes exposés au feu d'artillerie et de mousqueterie le plus violent: c'était une pluie de balles et une grêle d'obus. Le lieu où la lutte fut le plus chaude est un grand verger attenant à la ferme Ratel. Là, les 1re, 2e et 4e compagnies, déployées derrière les fossés, ouvrirent un feu dont l'ennemi eut d'autant plus à souffrir, qu'il était complétement à découvert. Sur ma gauche, vers la gare, nos tirailleurs et les tirailleurs ennemis, embusqués derrière les talus opposés, échangeaient des coups de fusil à bout portant, et, de temps à autre, montaient sur la voie ferrée pour s'aborder à la baïonnette. »

Mais là encore, le fameux mouvement tournant qui résume la tactique prussienne, menaçant de cerner le bataillon, un ordre de battre en retraite fut nécessairement ordonné.

M. Rolin gagna Clères avec ses hommes, harassés, fatigués de tirer, affamés, et n'ayant plus rien dans leur cartouchière.

Rouen allait être envahi !

ROUEN. — ENTRÉE DES PRUSSIENS.

5 DÉCEMBRE 1870.

Ah ! la fatale nuit que celle qui précéda le 5 décembre ! et l'atroce journée ! Aucun citoyen, parmi ceux qui les passèrent, soit à Rouen, soit aux avant-postes, ne l'oubliera, dût-il vivre un siècle !

Mais il faut au lecteur un récit des faits qui précédèrent et accompagnèrent l'entrée des Allemands dans la cité.

Le voici ; nous le donnons aussi succinct et surtout aussi éloigné de toute partialité que possible :

Le lundi 5 décembre, une cruelle période a commencé pour la ville de Rouen. Elle devait durer deux cent trente jours ! La veille, on espérait encore pouvoir résister aux troupes ennemies ; la garde nationale tout entière avait pris les armes et s'était dirigée sur les points qui lui avaient été assignés, notamment vers Clères.

Elle était revenue cependant sans combattre, bien qu'elle eût exprimé le désir, et même d'une manière assez énergique, de prendre part à l'action qui paraissait engagée vers Buchy.

Effectivement, nous avons vu qu'on se battait près de cette localité. Au désir de la garde nationale de Rouen d'aller aussi prendre part au combat, les chefs militaires opposèrent leur volonté la plus formelle.

Nous devons constater ici, à l'honneur de la garde nationale de Rouen, que son courage avait résisté à l'effet dissolvant d'ordres de service aussi mal conçus que mal combinés.

Ainsi, le samedi soir, la garde nationale est convoquée pour marcher à l'ennemi, on se contente de lui distribuer des cartouches, et on la renvoie chez elle, en remettant le départ au dimanche matin, à sept heures. A l'heure dite, les gardes nationaux se réunissent ; on les dirige en chemin de fer par la route de Dieppe ; ils entendent le canon et veulent que les trains s'arrêtent, pour marcher au feu. On resiste à leur demande, et on les ramène à Rouen. Là, on les renvoie dîner dans leurs familles, et on leur donne rendez-vous pour huit heures du soir. Mais, à sept heures, autre décision : ils sont avertis que le départ aura lieu le lendemain seulement, à quatre heures du matin.

N'y a-t-il pas lieu d'insister sur la nature de pareils ordres de service, et de constater que, si les citoyens revenaient ainsi à tous les appels, c'est qu'ils avaient bien résolument la volonté de combattre l'ennemi, et de faire courageusement leur devoir ?

Ces citoyens appelés ainsi, puis renvoyés dans leurs foyers quatre fois en vingt-quatre heures, devaient chaque fois s'arracher aux étreintes de leur femme et de leurs enfants. On a vu des mères de famille essayer leurs touchantes violences jusque sur la place de l'Hôtel-de-Ville. Y avait-il donc une arrière-pensée dans ce mode d'appel inintelligent ? Nous ne voulons pas le supposer ; mais on n'est pas moins en droit de dire que la garde nationale, en se montrant toujours prête à marcher, a laissé à d'autres la responsabilité des événements.

On a vu plus haut que les francs-tireurs Mocquart avaient été cruellement décimés le dimanche, près de Buchy. Cependant tout annonçait qu'une lutte sérieuse aurait lieu le lundi, à quelque distance de Rouen, sur les points où des travaux de défense avaient été improvisés par le capitaine de vaisseau Mouchez.

Le dimanche soir, le général Briand s'était rendu au sein du Conseil municipal de Rouen, et avait exposé tous les dangers de la situation. Le conseil s'en était remis à la décision de ce chef militaire pour toutes les mesures de défense à prendre, quelles qu'elles dussent être. Là, il avait été décidé que la générale serait battue par toute la ville, à quatre heures du matin. Le général avait demandé que le tocsin fût sonné en même temps. Mais, sur l'observation que le tocsin n'aurait pas pour effet d'appeler les combattants, ce que faisait la générale, mais de faire croire à un sinistre, et d'exciter une inquiétude inutile, le Conseil n'autorisa pas la sonnerie du tocsin.

C'est donc par suite d'une erreur que M. Estancelin annonça à la garde nationale, sur la place de l'Hôtel-de-Ville et à la gare du chemin de fer, le dimanche soir, que la cloche d'alarme serait sonnée, en même temps que la générale serait battue.

Au reste, l'un ne devait pas être plus utile que l'autre, car à peine les tambours commençaient-ils, le lundi, à quatre heures du matin, à battre la générale, qu'un contre-ordre leur arrivait; l'abandon de la ville par les troupes du général Briand ayant été décidé par ce commandant en chef.

Ce contre-ordre tardif resta sans effet. Les bataillons de la garde nationale se réunirent à l'heure dite, et se rendirent sur la place de l'Hôtel-de-Ville.

Elle avait été, toute la nuit, le rendez-vous des gardes nationaux mobiles et mobilisés du département, et des bataillons qui se trouvaient dans les environs. Ils arrivaient tous, ayant marché depuis le matin, et la plupart n'ayant pris aucune nourriture. Par un froid de cinq degrés, on en voyait étendus sur la terre nue, dormant pressés les uns contre les autres. Les postes de la place étaient remplis de ces jeunes gens, essayant de se réchauffer, tous réclamant du pain qu'il était impossible de leur procurer. Vers quatre heures du matin, de longues colonnes montaient encore la rue de la République. Les hommes qui les composaient étaient partis le dimanche, dès six heures du matin, disaient-ils, sans avoir pu manger. Ils arrivaient exténués, et personne ne se chargeait de leur faire donner les réconfortants dont ils avaient tant besoin.....

A peine toutes ces troupes, qui s'élevaient à 20 ou 25,000 hommes environ, avec celles dont disposait déjà le général Briand, furent-elles massées sur la place de l'Hôtel-de-Ville, qu'ordre fut donné de se replier en arrière. La petite armée se dirigea, conformément à cet ordre, par la route de Caen.

La retraite fut remplie d'incidents navrants. Nous vîmes de malheureux gardes mobiles, couchés dans les fossés de la route, et déjà roidis par le froid, s'endormir du dernier sommeil, leur fusil entre les jambes et les bras étendus.

N'ayant rien mangé depuis plus de vingt-quatre

heures, et brisés de fatigue, ceux qui, croyant se réchauffer, buvaient de l'eau-de-vie tombaient pour ne plus se relever !

Du reste, la démoralisation était complète : des militaires déchargeaient leur arme sur les fenêtres des maisons devant lesquelles ils passaient, au risque de tuer des habitants inoffensifs.

Un colonel arrêtait, à Routot, et maltraitait, avec une brutalité révoltante de la part d'un officier, un conducteur de diligence, boiteux et malade, coupable de n'avoir plus de place dans sa voiture pour un franc-tireur éclopé.

Chefs et soldats étaient confondus dans la même marche pénible ; un désordre inénarrable régnait dans cette longue file d'hommes, de chevaux et de canons. Si l'ennemi, entré à Rouen quelques heures après, avait voulu transformer la retraite en déroute, il lui eût suffi, certainement, de lancer sur la colonne une ou deux centaines de cavaliers, la lance au poing.

Il ne le fit pas, heureusement.

C'est sur Honfleur, en passant par Routot, Bourg-Achard et Pont-Audemer, que le général Briand dirigea son armée. Il devait passer au Havre par eau, pour concourir à la défense de cette ville.

Au moment où la retraite avait commencé, le général avait fait prévenir le conseil municipal qu'il se repliait avec ses troupes, et il avait persisté dans sa résolution, malgré une démarche faite auprès de lui par une députation du conseil.

Cependant, les gardes nationaux de Rouen, réunis pour marcher à l'ennemi, ne pouvant soupçonner la cause de cet abandon de toute défense, s'en prirent à la seule autorité présente, et de nombreuses récriminations furent adressées au Conseil municipal. Plusieurs membres de ce Conseil, MM. Desnoyers, Rapp et Napoléon Gallet, qui se rendaient à une convocation extraordinaire, furent même, au moment où ils traversaient la place, l'objet de menaces, aux suites desquelles ils furent soustraits , grâce à de courageux citoyens.

Ces scènes sont sans doute regrettables à tous les égards, mais, tout en les déplorant, nous devons faire observer qu'elles affirment la volonté de la garde nationale de se défendre quand même, La milice citoyenne s'est laissée aller jusqu'à la colère, jusqu'à la violence irréfléchie , quand elle a su que la ville allait être occupée sans combat. Cette colère, cette violence ne s'adressaient pas , comme on le croyait , à ceux qui avaient pris les dernières décisions. Ceux-là n'étaient plus présents ; mais elle n'en était pas moins le témoignage d'un véritable désir de lutter énergiquement.

Quand les gardes nationaux furent assurés que la ville ne se défendrait pas, plusieurs d'entre eux brisèrent avec rage leurs armes devenues inutiles ; d'autres déchargèrent en l'air leurs fusils et leurs mousquetons, ou les jetèrent sur la place.

Mais cette démonstration fut suivie d'autres incidents, déplorables à tous les points de vue,

Une poignée de misérables, attirés, comme on le vit plus tard , par le seul désir du désordre et du vol, succédèrent , sur la place de l'Hôtel-de-Ville, aux citoyens de la garde nationale.

Quelques centaines de fusils, ramenés à Rouen sur une charrette, furent pillés par eux; un tambour et un drapeau furent enlevés on ne sait où , et pendant trois heures ils tirèrent sur le monument municipal de nombreux coups de feu. La façade fut criblée de balles. L'une d'elles atteignit l'horloge, dans le chiffre XI. Le grand salon du Conseil en reçut plusieurs , dont une traversa la glace située au-dessus de la cheminée.

Dans le petit salon, les fenêtres et la porte furent atteintes.

Au premier étage et dans la salle des adjoints, quantité de traces se voient encore.

Le musée eut plusieurs de ses tableaux troués : un, entr'autres, le *Saint François* de Carrache.

Les logements supérieurs furent plus gravement endommagés ; c'est un miracle qu'aucun malheur ne soit à enregistrer, d'autant plus que le Conseil municipal était en séance, siégeant depuis la veille au soir, et que les balles sifflaient aux oreilles des conseillers.

Au rez-de-chaussée, le poste des sergents de ville était envahi par des femmes en haillons , dignes compagnes des perturbateurs.

Le logement du commissaire de police , au-dessus de ce poste , avait le même sort.

Un moment , on put craindre que les efforts de cette troupe n'aboutissent à quelque grand malheur. Voyant l'impossibilité de pénétrer dans l'Hôtel-de-Ville , elle fit irruption dans l'enceinte appelée Cour des Canons.

Mais c'était tout autre chose qu'une vengeance patriotique que recherchaient ces gens ; on s'en aperçut vite. Des chariots , pris aux Prussiens à Vernon , avaient été remisés là. Or, ces chariots, remplis de marchandises de toutes sortes, étaient le but des convoitises de ces hommes , et surtout de leurs femelles. En un clin d'œil , ils eurent dévalisé ce qui s'y trouvait : draperies, soieries, effets d'habillement, objets de toute sorte , rien ne fut laissé. C'était merveille de voir l'agilité , la dextérité avec lesquelles *ces dames* faisaient disparaître leurs larcins.

Cependant le conseil municipal près duquel s'était rendu M. Desseaux , préfet du département, rédigea à la hâte une proclamation , dans laquelle il expliquait sa conduite.

Cette proclamation , très nette, fut d'abord copiée à plusieurs exemplaires, et jetée du haut du péristyle. Un exemplaire manuscrit fut collé sur le piédestal de la statue équestre de Napoléon Ier, qui occupe le centre de la place ; puis enfin, la même proclamation, imprimée, fut affichée par toute la ville. Ce devait être la dernière manifestation de l'autorité avant l'arrivée des Prussiens à Rouen.

Voici le texte de ce document :

Le préfet, l'administration et le conseil municipal à leurs concitoyens.

Hier, nous faisions appel pour la défense de la ville à votre dévoûment patriotique. L'autorité militaire promettait une énergique défense.

Ce matin, à quatre heures, le général Briand nous confirmait cette détermination, et la garde nationale, au son de la générale, s'assemblait sous les armes.

A cinq heures, le général Briand prévenait le maire qu'il jugeait toute défense impossible en face de forces trop importantes, et qu'il donnait l'ordre de battre en retraite. Un des adjoints, accompagné de plusieurs officiers, est allé lui demander, ce matin encore, ses dernières résolutions. Le général a persisté dans sa décision ; il a quitté la ville avec toutes les troupes placées sous ses ordres.

M. Desseaux, préfet, venu à l'Hôtel-de-Ville, confirme la situation, et s'associe à la déclaration du conseil.

Dans cette cruelle extrémité, il importait de vous faire connaître la part de responsabilité qui incombe à chacun.

D'autres et pénibles devoirs vont naître : nous nous efforcerons de n'y pas faillir.

Le préfet,	*Le maire,*
DESSEAUX.	NÉTIEN.

Les adjoints :

Thubeuf, Lefort, Nion, Delamare, Barrabé et Lemasson.

Les membres du conseil :

Flaubert, Deschamps, Duchemin, Larget, Vaucquier du Traversain, Gallet, Cordier, Legentil, Dubosc, Rapp, Lecœur, Barthélemy, Morin, Nepveur, Masselin, Vallery, Dieusy, Fauquet, Raoul Duval, Legras, Delaporte, Desnoyers, Decorde, Le Fèvre, Pinel, Durand, Frétigny, Valladier et Lafond.

A la mairie, on ignorait une partie de ce qui se passait au dehors, et pour faire cesser la fusillade dont nous parlons, on songea à s'adresser à la garde nationale ; mais les chefs supérieurs ne purent être réunis. Le rappel fut cependant battu dans deux bataillons : rappel inutile, auquel il ne fut pas répondu.

On approchait de l'heure à jamais douloureuse où autorité militaire prussienne allait être toute-puissante à Rouen.

Trois colonnes, qui occupaient déjà le Boisguillaume, Déville et Darnétal, se disposaient à entrer à la fois ans la ville par les rues Beauvoisine, de l'Hôtel-de-Ville et Saint-Hilaire.

Un premier peloton de cavaliers, composé d'une ingtaine de chasseurs, arriva par les rues Saint-Hilaire, Saint-Vivien et des Faulx, marchant au pas, et se plaça en bataille en face de l'Hôtel-de-Ville, près le la librairie Fleury. Il était alors deux heures après nidi.

Quelques cavaliers détachés firent promptement partir les pillards du parc d'artillerie.

Un cavalier poursuivit, rue de l'Hôtel-de-Ville, eux individus qui emportaient des fusils, se les fit endre et les brisa.

Le peloton se reporta ensuite vers la rue de l'Hôpial, faisant face à la rue des Faulx; là, un coup de pistolet fut tiré par un cavalier, mais sans que personne fût atteint. Presque aussitôt un nouveau peloton le cavalerie se joignit au premier, et l'on vit apparaître, rue de l'Hôtel-de-Ville, l'avant-garde de l'infanterie. En tête, marchait une escouade conduisant quatre malheureux paysans, avec lesquels elle s'est dirigée vers le violon, sans hésitation et comme dans une ville bien connue.

A peine cette avant-garde arrivait-elle place de l'Hôtel-de-Ville, que des détachements prussiens prenaient possession des deux ponts de Rouen, et interceptaient la circulation avec le faubourg Saint-Sever (rive gauche).

Si la vue des premiers cavaliers avait causé la plus pénible émotion, la douleur fut encore bien plus poignante à l'aspect d'un corps d'armée de 8,000 hommes environ : infanterie, cavalerie, artillerie, prenant possession de la ville, et arrivant, tambours et musique en tête, sur la place de l'Hôtel-de-Ville, par les trois directions que nous avons indiquées.

Tout d'abord, des vedettes prussiennes avaient été placées aux portes de l'Hôtel-de-Ville, et le poste avait été occupé par un peloton de fantassins.

Lorsque les principales forces militaires furent massées sur la place, le major Sachs, entouré d'un état-major assez nombreux, se rendit à la grande porte de l'Hôtel-de-Ville et demanda à parler au maire. Le commissaire de police de l'Hôtel-de-Ville conduisit le major à la salle du Conseil, dans le pavillon voisin de l'église Saint-Ouen.

Là se trouvaient réunis tous les membres du Conseil municipal, avec le maire et les adjoints.

Le major Sachs déclara qu'il venait prendre possession de la ville au nom de son général.

M. Nétien, maire de Rouen, lui répondit :

« Vous êtes ici par la force. Les troupes françaises nous ont quittés ce matin : nous sommes ainsi contraints de subir vos ordres. »

Le major, après avoir fait connaître qu'il était désigné pour commander la place, a ajouté que, pour le moment, il n'y avait à s'occuper que du logement des troupes, fatiguées d'une longue marche. Il a aussitôt déployé un plan de Rouen, et, comme un homme connaissant parfaitement la ville, il a indiqué les logements qu'il comptait faire occuper aux soldats, et jusqu'aux hôtels réservés aux chefs.

Le maire insista pour que les troupes fussent logées dans les casernes. Il fit remarquer que la population, irritée, pourrait recevoir très mal les hommes envoyés chez l'habitant, et que l'on aurait peut-être à déplorer des conflits d'une certaine gravité ; mais le major ne parut pas soucieux de ces raisons.

Force fut donc de céder à cette première prétention, et le major Sachs n'exigeant rien de plus pour le moment, le Conseil municipal put se séparer, après avoir passé dans cette journée par les plus rudes émotions.

Nous avons dit que M. Desseaux, préfet, s'était rendu le matin au sein du conseil ; en se retirant, il s'était dirigé vers le Havre pour y continuer l'administration centrale du département. Plus tard, M. Penlevey, procureur général, et M. Letellier, s'étaient également rendus près du Conseil municipal.

Conformément aux décisions du chef militaire prussien, les troupes, au nombre de 8,000 hommes, prenaient, vers six heures du soir, possession de leurs logements.

Le quartier Cauchoise avait été réservé à la cavalerie. L'infanterie avait pris toute la ligne des quais et les rues adjacentes.

Une compagnie prenait possession d'une rue, un sous-officier visitait chaque maison, marquait à la craie le nombre d'hommes qu'il entendait imposer, et ceux-ci entraient dans leurs logements.

A ce moment, la circulation était rétablie sur les ponts, et tous les postes étaient déjà occupés par des troupes prussiennes.

Le samedi suivant, le service des billets de logement fut repris de nouveau à la mairie.

Pendant ces premiers jours d'occupation, les autorités prussiennes publièrent un certain nombre de proclamations. Ce fut d'abord une proclamation signée du général Von Goëben, commandant du 8ᵉ corps d'armée, relative aux répressions que pouvaient entraîner les actes d'hostilité contre l'armée prussienne ; puis, l'ordre de porter les armes de toutes sortes à l'Hôtel-de-Ville, et d'autres relatifs à diverses réquisitions.

Enfin, on afficha une notification, datée du quartier général, à Rouen, le 8 décembre, et par laquelle le général Manteuffel chargeait M. Cramer, conseiller du roi de Prusse, des affaires de la préfecture dans le département de la Seine-Inférieure.

. M. le baron de Pfuel fut, plus tard, nommé préfet de la Seine-Inférieure.

Enfin, l'armée du général Manteuffel a été dirigée vers l'est et remplacée à Rouen par l'armée du duc de Mecklembourg, venue des environs du Mans. Le duc lui-même est arrivé à Rouen le mercredi 25 janvier.

OCCUPATION DE ROUEN.

5 DÉCEMBRE 1870. — 22 JUILLET 1871.

Un des premiers actes de l'armée allemande, en prenant possession des administrations civile et militaire, fut, nous l'avons dit, la publication d'une proclamation menaçante.

La voici :

PROCLAMATION.

En vertu de l'article 18, partie II du code pénal militaire prussien, il sera établi pour le district du 8e corps d'armée des conseils de guerre qui jugeront tous ceux qui auront sciemment porté préjudice aux troupes de la Confédération de l'Allemagne du Nord et des États alliés, ou qui auront secondé avec préméditation l'armée française.

De plus, nous ordonnons ce qui suit :

1. Sera puni de mort tout particulier qui aura servi d'espion aux troupes françaises ou qui aura logé, caché ou secondé un espion français.

2. Sera puni de mort quiconque aura volontairement servi de guide aux troupes françaises.

2. La même peine sera appliquée à celui qui, servant de guide aux troupes de Sa Majesté le roi de Prusse et de ses augustes alliés, aura été convaincu de mauvaise foi.

4. Sera puni de mort celui qui, par esprit de vengeance ou par avidité, aura pillé, blessé ou tué un individu quelconque appartenant aux armées alliées contre la France.

5. Sera puni de mort quiconque aura détruit des routes, ponts, canaux, télégraphes ou chemins de fer. La même peine

sera appliquée à ceux qui auront incendié les édifices, arsenaux ou magasins militaires.

6. Sera puni de mort tout individu qui aura porté les armes contre les troupes de Sa Majesté le roi de Prusse et de ses augustes alliés.

7. La présente proclamation entre en vigueur dans toute l'étendue du district occupé par le 8ᵉ corps d'armée, dès qu'elle aura été affichée dans une localité quelconque de ce district.

Le général commandant le 8ᵉ corps d'armée,
Von Goeben.

Amiens, imp. de Lambert-Caron.

La douleur était trop vive, l'humiliation trop cruelle pour que la presse ne les ressentît pas au même degré que la population rouennaise. Les journaux résolurent de manifester leurs sentiments en cessant de paraître, quelque préjudice matériel qu'il en dût résulter pour eux.

L'opinion publique fut donc privée de tout organe à Rouen, depuis le 6 décembre jusqu'au 6 février. A cette dernière date, les élections à l'Assemblée nationale, d'où le sort du pays allait dépendre, obligèrent les journaux à s'adresser de nouveau à leurs lecteurs.

Il leur parut qu'ils n'avaient pas le droit de se désintéresser d'une lutte aussi capitale.

C'est à cette occasion qu'une notification, dont voici le texte, fut envoyée aux directeurs du *Journal de Rouen* et du *Nouvelliste* :

PRÉFECTURE DU DÉPARTEMENT DE LA SEINE-INFÉRIEURE.

Monsieur le rédacteur en chef du............ est invité à insérer la Notification ci-jointe en tête du 1ᵉʳ numéro de son Journal :

NOTIFICATION.

« Afin de faciliter les opérations électorales pour la nomination des députés, qui doit avoir lieu le 8 de ce mois, la publication des journaux est autorisée, à partir d'aujourd'hui, dans le département de la Seine-Inférieure, sous la responsabilité personnelle des rédacteurs en chef et imprimeurs, et à la condition de ne publier aucun article de nature injurieuse contre la personne ou les armées de S. M. l'empereur d'Alle-

» magne, et déposer à la préfecture un exemplaire de ces
» feuilles avant la distribution.
» Rouen, le 3 février 1871.
     » *Le préfet de la Seine-Inférieure* ,
        » Signé : Baron DE PFUEL. »

Mais, antérieurement, les Prussiens avaient forcé
un imprimeur de la ville à publier le *Moniteur Officiel de
Rouen*, recueil à peu près quotidien de leurs actes administratifs. Nous en donnons plus loin d'intéressants
extraits.

———

Le premier soir de l'arrivée des Prussiens à Rouen,
ils s'emparèrent, sans plus de façons, des écuries de
la compagnie des omnibus *les Rouennaises*. Ils mirent
tous les chevaux à la porte, mais gardèrent, sans en
céder un brin, tout le fourrage, l'avoine, le foin et la
paille.

Quant aux chevaux des omnibus, ils durent passer
la nuit dehors et rester plusieurs jours sans manger.

Le froid était vif, la terre était couverte d'une neige
durcie par la gelée. On ne voyait à Rouen, à côté de
l'uniforme prussien, que les haillons d'infortunés qui
mendiaient de toutes parts. Sur les chemins conduisant à la ville, ce n'étaient que voitures emportant
des réquisitions prussiennes : blé, avoine, produits de
toutes sortes.

Les récits les plus navrants circulaient en ville ;
malheureusement, ils n'étaient que l'expression affai-
blie de la réalité :

Au Boisguillaume, racontait-on, des soldats prussiens avaient tiré sur une pauvre femme et lui avaient
cassé le bras.

A Isneauville, un paysan inoffensif reçut un coup de
lance dans le cou ; un autre, atteint depuis deux jours
d'une fluxion de poitrine, fut contraint de se lever,
de conduire pieds nus dans la neige un peloton de
Prussiens, et tomba mort au retour.

A Darnétal, un maréchal et ses ouvriers furent for-cés de travailler jour et nuit ; ils ont reçu une indem-nité dérisoire, et le maréchal a été volé de son fer et de ses outils.

Dans la même ville, disait-on encore, les Prussiens arrivés le soir de Vascœuil, ont occupé toutes les maisons, jusqu'aux logements de pauvres ouvriers, qui n'en avaient pas moins de six à huit à nourrir, alors que les vivres étaient introuvables. Des aubergistes ont été à peu près ruinés. Dans toute la ville, il n'est pas resté un litre d'avoine ni une botte de paille. Les propriétaires de chevaux ne savaient absolument comment faire pour les empêcher de mourir de faim.

De là, les Prussiens se sont répandus dans les com-munes voisines, et partout, soit qu'ils aient enlevé les animaux et le fourrage, soit qu'ils aient laissé des détachements, ils ont semé la ruine et la désolation.

Au Mesnil-Esnard, un fermier n'avait pas moins de trente hommes et de trente chevaux à nourrir, jus-qu'à impuissance complète de pouvoir se procurer la viande et le fourrage.

A Preuseville, une femme de soixante-treize ans avait été complétement dépouillée de tout ce qu'elle possédait et cruellement violentée.

Les choses n'étaient pas moins tristes à Maromme, Déville et aux environs. Dans certaines fermes, les Prussiens avaient enlevé volailles, moutons et bœufs, sans y laisser un animal vivant. Un manufacturier était forcé de recevoir un détachement, qui lui causa pour 12,000 fr. de dégâts.

Enfin, partout, outre la douleur profonde de l'occu-pation étrangère, partout la violence, la ruine, le malheur et le désespoir.

Rien ne saurait peindre l'anxiété causée à Rouen, à l'époque qui a suivi l'envahissement, par l'absence de nouvelles. L'autorité prussienne avait toléré d'a-bord le service de la poste pour la ville et la banlieue, mais ayant voulu, au bout de quelques jours, exercer sa surveillance sur les correspondances, tout le personnel avait noblement et résolument refusé son concours.

Il importait effectivement, pour ces honnêtes fonctionnaires, que le public sût bien que c'était à une poste prussienne qu'il confiait ses lettres.

Un service de voitures publiques avait été installé jusqu'à Honfleur ; mais, dès les premiers jours, le conducteur ayant été arrêté et même déshabillé par des agents prussiens à la recherche des journaux ou des lettres qu'il eût pu transporter, on comprend que cet homme n'osa plus se charger d'aucunes correspondances.

Ce n'était donc que par des moyens tout fortuits et fort irréguliers qu'il était possible de recevoir quelques journaux de l'Eure et du Havre, dont chaque numéro se vendait à un prix fou.

Les Prussiens, en prenant leurs logements à Rouen, avaient agi aux Docks comme partout ailleurs. Ils avaient commencé par mettre à la porte tous ce qui les gênait, et par s'installer en maîtres. M. Viallat, directeur des Docks, est heureusement parvenu à faire comprendre aux chefs militaires qu'il s'agissait là d'un établissement dans lequel plusieurs nations avaient d'importants intérêts, et ceux-ci lui rendant la liberté pour ses divers services, occupèrent seulement quelques magasins, où ils portaient ce qu'ils appelaient le produit de leurs réquisitions, et ce qui eût mérité un nom moins honnête.

Quant aux marchandises emmagasinées dans les Docks, elles sont restées intactes. Il y avait là 7 millions de laines qui tentaient bien les Prussiens ; mais le consul de Russie étant intervenu, au nom de leurs propriétaires, elles n'ont pas été réquisitionnées.

De grandes quantités de vins et d'alcools ont été soustraites aux investigations prussiennes, grâce aux soins de M. Viallat, et ont ainsi échappé aux réquisitions (1).

Chaque jour, dans les premiers temps de l'occupation, on voyait arriver et partir d'énormes convois de voitures chargées de denrées de toutes sortes.

Des troupes arrivaient, partaient et revenaient, sans que l'on pût se rendre bien compte du but de ces mouvements.

Pendant ce temps, des réquisitions de toute nature étaient faites à la mairie. On confectionnait, au profit des Prussiens, 20,000 paires de bottes, au prix de 15 fr. l'une, soit 300,000 fr. La réquisition des chevaux n'avait pas coûté à la ville moins de 400,000 fr.

Puis vint, le 16 décembre, une réquisition de voitures et de chevaux faite dans le département, formant un ensemble de 400 chevaux et de 200 voitures, avec 200 conducteurs. Ces équipages devaient faire retour aux propriétaires après avoir été employés à des transports vers Paris. Les voitures, réunies au Champ-de-Mars, prirent place dans un long convoi où se trouvaient plus de 200 chariots de la Lorraine et de l'Alsace, et le tout fut dirigé par la route de Darnétal.

Dans beaucoup de communes, notamment au Petit-Quevilly, on avait, avant le départ, estimé les chevaux, voitures et harnais ainsi réquisitionnés, afin d'en indemniser les propriétaires en cas de perte. Quant aux charretiers, on leur avait assuré une solde, dont partie était payable aux femmes et aux enfants. Beaucoup de conducteurs et beaucoup de voitures ne sont jamais revenus...

A la même époque, il fallut construire de vastes écuries sur l'allée nord du boulevard, depuis la place Cauchoise jusqu'à la hauteur de la rue Alain-Blanchard.

Les autorités prussiennes adressaient en même temps au Conseil municipal la demande des sommes

(1) M. Viallat a été décoré par M. Thiers, lors de son voyage à Rouen, en novembre 1871.

qui suivent : 500,000 fr. pour garantie de toute attaque contre les soldats ; 250,000 fr. pour construire des abris ; 250,000 fr. pour payer les hommes occupés à détruire les préparatifs de défense. Cette demande ne fut pas admise, et on parvint à s'y soustraire.

Pendant les premiers jours, les Prussiens dissimulaient aussi bien le nombre de leurs troupes que les mouvements qu'ils leur faisaient exécuter. Ce n'est donc qu'approximativement, et par la quantité des logements militaires, que l'on peut indiquer le nombre des soldats allemands venus à Rouen avant l'armistice.

Le 5 décembre, 10,000 hommes sont entrés dans la ville. Sur les hauteurs environnantes, on avait laissé des troupes assez nombreuses, et notamment beaucoup d'artillerie.

Quatre jours après, il y avait à Rouen 20,000 hommes ; 6,000 hommes environ avaient traversé la ville sans s'arrêter. Des départs successifs réduisirent ce nombre de 20,000, et le vendredi 16, au matin, il ne restait guère que 2 à 3,000 hommes ; mais, dès le soir et le lendemain, un corps de 8,000 hommes revenait prendre ses logements. Ces allées et venues ont ainsi continué indéfiniment.

Nous n'avons pas besoin d'insister sur le trouble apporté chez tous les habitants par le logement des troupes, infanterie, cavalerie et artillerie. Des cavaliers s'emparaient des écuries et mettaient à la porte les chevaux des propriétaires, dont ils accaparaient le foin et l'avoine. Des soldats prenaient le lit des personnes modestement logées, et contraignaient celles-ci à passer la nuit sur des chaises. D'autres soldats logés chez des veuves, rentraient ivres, et, le fusil au poing, se faisaient donner les clefs de la cave. Des officiers exigeaient une bouteille de champagne à chaque repas.

Cependant, la ville offrait le spectacle de la plus morne tristesse ; les maisons restaient fermées, les rues étaient désertes, les théâtres clos, les cercles abandonnés par leurs habitués.

On supportait les réquisitions ruineuses, on voyait les menaces pour obtenir des subsides aller jusqu'a l'apposition des scellés sur les principaux magasins; on résistait autant que possible, mais l'on se taisait ; on comprenait que des réclamations bruyantes, que le sabre aurait apaisées, eussent manqué de dignité. On préférait le silence calme et froid, la résistance par la seule inertie, mais par l'inertie résolue.

LE DUC DE MECKLEMBOURG.

Le mercredi 25 janvier, le duc de Mecklembourg est arrivé à Rouen, où son corps d'armée venait remplacer l'armée de Manteuffel, venue la première, et dont la plus grande partie avait été dirigée, depuis quelque temps, vers le Nord et vers l'Est.

Le nouveau corps d'armée venait du Mans et avait besoin d'être ravitaillé. Aussi, les demandes les plus exorbitantes ne tardèrent-elles pas à être adressées à la mairie par le major. On avait rassasié l'armée de Manteuffel, il fallait maintenant satisfaire à l'appétit de l'armée de Mecklembourg.

Comme exemple des exigences manifestées, nous dirons que le major demanda 9,000 bœufs par mois. Or, la ville en consomme environ 16,000 par an : on voit combien il y avait peu de rapports entre les demandes formulées et les moyens d'alimentation ordinaires du marché.

Ajoutons que chaque nouvelle prétention du major allemand était accompagnée de menaces de brûler la ville et de gestes de colère. Un de ces gestes, fréquemment répété, consistait à jeter violemment sur le bureau du maire la plume pleine d'encre que tenait à la main l'irascible major, si bien que les personnes présentes étaient couvertes de taches.

Plusieurs fois, le prince commandant en chef le corps d'armée parut comprendre ce que certaines exi-

gences avaient d'exorbitant. Il se montrait, du reste,
aussi courtois que le major était menaçant, à ce point
que l'on pouvait se demander s'il n'y avait pas là une
petite mise en scène destinée à mettre en relief la
prétendue mansuétude du duc.

Quoi qu'il en soit, la ville dut se résoudre à de nouveaux et importants sacrifices, et les habitants, surtout
dans le faubourg Saint-Sever, furent écrasés sous le
nombre des logements militaires. On a vu, chez des
ouvriers recevant des secours du bureau de charité,
jusqu'à quatre et six soldats envahir un modeste
logement que les pauvres familles étaient forcées de
leur abandonner. Ces soldats arrivaient souvent au
milieu de la nuit, et la difficulté de s'entendre, jointe
à la gêne imposée et à la répulsion pour l'uniforme
prussien, était partout une cause inévitable des plaintes
les plus vives. Ajoutons cependant que, chez les
habitants les plus pauvres, des soldats apportaient
leurs vivres; mais d'autres Allemands manifestaient,
avec violence, dans des maisons modestes, des exigences ruineuses qui causaient souvent les plus tristes
débats.

Les Prussiens, fiers d'humilier une cité vaincue,
imaginèrent d'organiser une grande fête militaire en
l'honneur du prince Fritz, qui devait passer à Rouen
une revue de ses soldats.

Aussitôt que cette nouvelle fut connue, la ville se
couvrit d'attributs de deuil.

Partout des drapeaux noirs, partout des draperies
mortuaires; partout, en présence de l'étranger, l'hom-
mage funèbre en l'honneur des victimes de la guerre,
partout des manifestations de douleur, en opposition
aux fêtes et à la joie de l'armée allemande.

La colère fut grande. Il y eut des rixes particulières,
des maisons envahies par la troupe, et, dans quelques-
unes même, des scènes des plus déplorables. Mais la

ianifestation n'en eut pas moins sa signification, et
is Prussiens ne s'y trompèrent pas (1).

A dater de ce jour, 12 mars, une licence effrénée fut
ermise aux soldats; une autorisation tacite leur fut
ccordée, et les actes de la plus épouvantable férocité
urent commis par eux sur des citoyens inoffensifs.

Voici ces faits, résumés d'après des rapports offi-
iels :

Dans la soirée du 13 mars, un commerçant de la rue
e la Madeleine, passant par les rues Grand-Pont et
ie la Savonnerie, est assailli par des militaires prus-
iens qui se battent entre eux, et ne reçoit pas moins
ie douze coups de sabre, sur la tête, sur les mains
t dans le côté.

Un garde national mobilisé, presque au même mo-
nent, est également assailli par des Prussiens, dans
a rue Harangucrie, et reçoit aussi des coups de sabre
ur la tête, sur le nez, sur la main gauche. Son état
st tel, qu'on est obligé, comme le précédent, de le
ransporter à l'Hôtel-Dieu.

Un cordonnier, même rue, voulant secourir le jeune

---

(1) Citons ici la notification du sieur Von Burg, chef d'état-major, à
propos de l'affaire dite des *drapeaux noirs*. Chaque ligne de ce document
est un modèle de tartuferie germanique :

COMMUNICATION.

« Le commandant en chef prie la commandature royale de faire part à la
Mairie de Rouen que, par le fait d'arborer des drapeaux noirs, il ressort
clairement combien de maisons de Rouen sont encore libres pour le
logement militaire, et qu'environ dix mille hommes pourraient y trouver
place.

« Pour épargner des marches aux troupes des environs, il est à prévoir
que plusieurs bataillons entreront en ville demain. Ces troupes seront
logées, pour la plus grande partie, partout où sont arborés des drapeaux
noirs. Il ne faudra donc pas de billets de logement.

« Rouen, le 10 mars 1871.

» *Pour le commandant en chef,*

» Le lieutenant-colonel, chef d'état-major,

» *Signé* Von Burg.

» A la Mairie, pour qu'elle en prenne connaissance.

» *Signé* Jungé

» Colonel-Commandant. »

homme dont nous venons de parler, est traité de la même manière, et, de plus, on brise tout dans sa maison.

A la même heure, une scène toute semblable a lieu, rue Jeanne-Darc, chez MM. Morand-Sandret et Michel.

Le même soir, un jeune élève en pharmacie, passant place des Arts, reçoit quatre à cinq coups de plat de sabre.

Un débitant de la rue de la Grosse-Horloge refuse d'ouvrir à des militaires allemands qui, pour se venger, brisent les vitres et se sauvent.

Sur la place Saint-Sever, un inconnu, âgé de trente-cinq ans environ, s'arrête à regarder des photographies : un Prussien l'attaque, l'inconnu riposte ; un autre Prussien arrive et frappe à coups de sabre. Le sang coulait de la tête de l'inconnu, qui tomba et qu'on crut mort ; on put heureusement le rappeler à lui. Quant aux soldats, ils prirent la fuite.

Le 14 mars, un tailleur de la rue des Arpents était avec sa femme sur le seuil de sa porte ; quatre soldats prussiens passent, et, sans provocation, frappent le mari d'un coup de sabre sur l'épaule, pendant que la femme en reçoit un sur le bras.

Le même jour, à dix heures du soir, des militaires prussiens, se trompant de maison, entrent chez un tonnelier de la rue des Cordeliers, au nº 31, brisent les portes, saccagent le mobilier, s'emparent d'une somme de 1,200 fr., font pour 1,147 fr. de dégâts dans l'établissement, et causent, en outre, au propriétaire de l'immeuble, une perte de 509 fr.

Dans la même soirée, des scènes de violence ont lieu : rue de Fontenelle, chez M. Delanoue, hôtelier, et dans plusieurs autres maisons, situées rue Percière, nº 71 ; rue de l'Hôtel-de-Ville, nº 8, et rue de la Grosse-Horloge, nº 71.

Un employé du chemin de fer de l'Ouest, revenant de son travail, est attaqué par des militaires prussiens, rue de la République, en face du moulin de M. Lebocq, et reçoit plus de cinquante coups de sabres; l'index de la main droite est presque détaché. L'assailli tire enfin un coup de revolver sur les assaillants qui prennent la fuite.

Le même soir, vers huit heures un quart, un négociant de la rue Saint-Éloi passait rue des Charrettes, se rendant à son domicile; des Prussiens l'accostent sans aucun motif, l'entourent, le saisissent par ses vêtements, le poussent et lui disent de marcher plus vite. Rentré chez lui, le négociant s'aperçut qu'il ne restait à son gilet que la moitié de sa chaîne; l'autre bout avait disparu, ainsi que la montre en or dont il était porteur.

Le 14 encore, rue de la République, tout était saccagé et mis au pillage, dans le débit connu sous le nom de *Père-Éternel*, et le propriétaire de cet établissement recevait deux coups de sabre, l'un sur le bras, et l'autre dans le côté; mais un des Prussiens qui causaient ce tumulte était blessé d'un coup de pistolet, parti de la maison et tiré par une main inconnue.

Rue Beauvoisine, le magasin de M. Tillard, marchand de chaussures, est mis au pillage.

Deux maisons de tolérance, rue des Cordeliers, sont complétement bouleversées : au n° 23, les dégâts ne s'élèvent pas à moins de 2,000 fr.; au n° 35, ils sont estimés à 600 fr.

De tous côtés, dans cette soirée du 14, des gens inoffensifs sont attaqués par des soldats prussiens.

Le 15, vers sept heures et demie du soir, un militaire français, Eugène Grout, du 11e de ligne, est poursuivi, rue Guillaume-le-Conquérant, par une quinzaine de Prussiens; il se réfugie dans la maison n° 22, au quatrième étage. Atteint au haut de l'escalier par les Prussiens furieux, il est littéralement haché de coups de sabre, et meurt à l'Hôtel-Dieu, dans la nuit, des suites de ses blessures.

8

Plus tard, vers dix heures et demie, rue des Capucins, un Prussien ivre entre chez un épicier, qui lui refuse à boire; le Prussien tire son sabre, frappe à coups redoublés dans toutes les directions, brise les vitres, les glaces, les bocaux, blesse l'épicier, dont la femme est restée malade d'émotion.

Dans la journée, M. Bigot, rentier, rue Damiette, âgé de cinquante-six ans, reçoit, chez lui, un violent coup de sabre sur la tête; son neveu, accouru à son secours, est traité à peu près de la même façon.

Voilà, le plus séchement possible et sans l'amplification de la rhétorique, un aperçu des gaîtés de ces messieurs, qui, à leur cruauté, joignent l'amour du bien d'autrui, singulièrement développé.

Tout était de bonne prise, d'ailleurs, avec eux.

« Que voulez-vous? répétaient les officiers avec une candeur adorable, c'est la guerre ! »

Non ! Ce n'était pas autre chose que le vol appuyé par la force, et les vaillants guerriers qui s'en rendaient coupables eussent tous, en d'autres temps, mérité des punitions exemplaires. Mais les canons Krupp !...

Une après-midi, M. Roger, inspecteur d'académie, dut s'interposer entre cinq ou six Allemands et M{ne} Hébert, débitante de tabacs, rue Ernest-Leroy, 2. Dans la boutique de cette dernière, les grapilleurs parvenaient le lendemain à enlever des cigares, des pipes, du tabac et des blagues, pour une somme d'environ 200 fr.

Un peu plus tard, les Prussiens, ayant à célébrer la fête de leur roi, craignirent le renouvellement des manifestations du 12 mars.

Aussi les menaces adressées à la municipalité ne manquèrent-elles pas.

Qu'on en juge par cette lettre, adressée à M. Nétien,

maire de Rouen, et que celui-ci eut la prudence de ne pas rendre publique :

Monsieur le Maire,

J'ai l'honneur de vous prévenir, de la part de M. le commandant :

1° Que pour fêter la fête de Sa Majesté l'Empereur, on tirera demain, vers midi, 101 coups de canon sur le Champ-de-Mars ;

2° Que toute démonstration est interdite : les drapeaux noirs seront immédiatement confisqués, et les propriétaires des maisons dans lesquelles ils seraient arborés seront emprisonnés, *au pain sec et à l'eau*, jusqu'à contre-ordre du commandant en chef.

Veuillez, monsieur le Maire, en informer le public.

Agréez, monsieur, l'assurance de ma haute considération.

DE POLLNITZ,
Lieutenant du génie.

LA JUSTICE FRANÇAISE PENDANT L'OCCUPATION.

L'autorité judiciaire s'émut des dangers de la situation, et le procureur de la République d'alors, M. Letellier, qui avait eu à défendre déjà contre l'autorité ennemie les droits de ses concitoyens, prenait en mains les intérêts de la ville, d'accord avec M. le maire de Rouen, qui agissait activement de son côté ; il écrivit en termes modérés, mais fermes, au général Bentheim pour le mettre en demeure de faire respecter la sécurité des habitants. Sa lettre, en date du 15 mars, était ainsi conçue :

Rouen, le 15 mars 1871.

Monsieur le général,

J'ai l'honneur de vous faire remettre la copie de deux rapports que m'a adressés M. le commissaire central de police sur les actes de brutalité commis les 13 et 14 du courant par les soldats allemands contre des habitants de la ville de Rouen. Depuis plusieurs jours déjà, des symptômes de désordre et d'indiscipline se manifestent dans la garnison, et cette situation, loin de se calmer, s'est encore aggravée dans la journée d'hier. Des soldats, presque constamment ivres, mettent, sous le moindre prétexte, le sabre à la main, se jettent sur les passants inoffensifs et se livrent sur eux à des violences qui, dans plusieurs circonstances, ont mis leur vie en danger. Ce ne sont pas seulement les personnes que ces hommes rendent victimes de leurs brutalités : les devantures des débits et magasins sont enfoncées, les vitres brisées, et les meubles et marchandises mis au pillage.

Un tel état de choses est profondément regrettable. La circulation devient presque impossible le soir dans les rues, et la sécurité des habitants est très sérieusement menacée.

C'est à vous, monsieur le général, qu'il appartient de faire cesser ce désordre et de délivrer la ville de ces excès, soit que vous défendiez à vos soldats de sortir après une certaine heure, soit que vous leur interdisiez de sortir en armes, soit enfin que vous remplaciez le corps d'occupation actuel par des troupes moins rebelles à l'action de la discipline ; l'intérêt général exige que des mesures énergiques soient prises.

Il ne faut pas que la population rouennaise reste plus longtemps exposée à d'injustes agressions et à des violences auxquelles, jusqu'à ce jour, je me plais à le dire, l'armée allemande ne l'avait pas accoutumée.

Je suis convaincu qu'il m'aura suffi de vous signaler ces faits pour que vous vous empressiez d'en empêcher le retour, et je vous prie d'agréer, monsieur le général, l'expression de ma considération la plus distinguée.

Le procureur de la République,
G. LETELLIER.

Le général Bentheim fit répondre à cette lettre par la curieuse pièce qu'on va lire, d'après la traduction littérale qui en fut faite par l'interprète-juré du tribunal :

LE CHEF DE L'ÉTAT-MAJOR
    DU 1er CORPS D'ARMÉE   Rouen, le 16 mars 1871.
     282

     Monsieur,

Vous vous êtes permis d'adresser une lettre à M. le général Von Bentheim, dont la forme inconvenante est outrepassée par la prétention dont vous vous sentez généralement avoir le droit de faire des exposés aux autorités allemandes.

Son Excellence m'a chargé de vous renvoyer votre lettre avec les pièces annexées, *sans avancer cette fois-ci envers vous, selon la justice militaire.* En m'acquittant de cette commission, je vous fais remarquer qu'il pourrait peut-être appartenir à votre fonction de vous occuper des meurtriers qui, ces jours derniers, ont attaqué avec ruse nos militaires dans les rues, le couteau à la main. A cette détestable action, il est encore à ajouter un coup de revolver qui a été dirigé contre les soldats prussiens. C'est dans ces démonstrations seules que vous pouvez voir le motif de ces troubles, qui ont été présentés si artistement. Cependant, depuis quelques mois, il régnait dans Rouen la plus grande tranquillité.

Le chef de l'état-major,
V. BURG,
Lieutenant-colonel.

LES CHEMINS DE FER.

Dès leur entrée à Rouen, les Prussiens interrompirent le service des chemins de fer en coupant partout les rails.

Rouen possède trois gares : deux dépendent de la compagnie de l'Ouest; la troisième, construite il y a quelques années seulement, dessert la ligne du Nord.

Dans le principe, cette dernière ligne paraissait aux Prussiens la plus dangereuse, attendu qu'elle eût pu tout-à-coup amener un détachement de l'armée du général Faidherbe; la gare fut donc occupée par un intendant et un poste.

L'intendant en question, après la signature des préliminaires de paix, eut la lucrative idée d'exploiter la ligne pour le roi de Prusse, et comme, pendant un certain temps, ce fut par le Nord que passèrent tous les voyageurs à destination de Paris, la combinaison fut excessivement fructueuse.

Ainsi, ce personnage exigeait 12 fr. par place de Rouen à Amiens. Les voitures des trois classes marchaient; les meilleures places ne coûtaient pas plus cher que les autres, et les premiers arrivés étaient les mieux casés. Seulement, trois quarts-d'heure avant le départ du train, MM. les officiers allemands avaient soin d'occuper les premières et les secondes, de telle sorte que, pour vos 12 fr. payés à l'avance, il fallait vous estimer heureux de monter dans les troisièmes. Que de Rouennais ont dû tenir compagnie aux bestiaux que l'armée d'occupation envoyait journellement par chemin de fer dans le chef-lieu de la Somme !

La gare de Saint-Sever avait réussi, le 4 décembre, à évacuer sur Granville tous ses registres et tout son matériel; l'activité des chefs préserva de toute déprédation le mobilier de l'administration.

Mais les Prussiens se rabattirent sur les marchandises dont, malheureusement, les quais de la rive gauche étaient couverts: vins, eaux-de-vie, sucre, provisions de toutes sortes, furent « réquisitionnés » sans scrupule.

Quant à la gare principale de Rouen, située rue Verte, elle eut davantage à souffrir de la présence de nos ennemis. En effet, elle devint le poste le plus important de cette partie de la ville.

Les surprises possibles des troupes repliées au Havre tenaient les Prussiens sur un qui-vive continuel, et, par cela même, les rendaient plus soupçonneux, plus méfiants et plus portés à la répression. Chaque jour, de nombreuses patrouilles s'engageaient sous les tunnels, soit pour s'assurer que rien ne les menaçait, soit pour essayer de couper le fil électrique, opération dans laquelle, par parenthèse, ils échouèrent, grâce à l'habileté du chef des télégraphes, M. de Chanteloup.

Lorsque nous ne fûmes plus en guerre, les Allemands émirent la prétention de ne laisser aucun soldat armé traverser la ville, bien que le gouvernement français eût obtenu l'autorisation d'acheminer sur Versailles les troupes destinées à combattre la Commune.

De fréquentes rixes eurent lieu; dans l'une d'elles, M. Morand, sous-chef de gare (1), faillit payer de sa vie la courageuse résistance qu'il opposait au désarmement d'un détachement de turcos.

Un excellent homme, que ses subordonnés entou-

---

(1) M. Morand est un ancien officier de l'armée, à qui sa bravoure et son excellente conduite ont valu des notes que nous souhaiterions à certains, parmi ceux que le gouvernement a décorés depuis la conclusion de la paix. — M. Morand n'a jamais rien obtenu, — ni rien demandé, du reste.

rent de respect et de dévoûment, M. Renard, chef de gare, a eu particulièrement à souffrir de la présence de nos ennemis.

Malgré la signature de la paix, malgré la tranquillité absolue qui régnait dans la ville, lorsque, toutefois, ces messieurs consentaient à ne pas la troubler, un poste de 50 hommes occupait continuellement la gare ; une buvette y avait été installée, et l'on y faisait bonne chère à toute heure du jour et de la nuit.

S'il plaisait à quelque officier d'inviter des partenaires, on s'installait sur le quai du départ, autour d'un guéridon chargé de *sauër-craüt* et de jambon westphalien ; les bancs et tout le matériel de l'administration étaient réquisitionnés pour ces agapes peu frugales. Les voyageurs se frayaient, comme ils pouvaient, un passage à travers cette charcuterie.

D'observations à faire, il ne pouvait être question, bien entendu.

Le soir du dimanche 30 avril, à l'heure de l'arrivée du train de neuf heures quarante-cinq minutes, le lieutenant en premier Von Hosius se présente à la porte de la gare et veut entrer *à cheval* dans les salles. Le vieux concierge s'y oppose ; il est bousculé, jeté de côté ; le vainqueur poursuit sa route, non sans provoquer les cris de colère des voyageurs présents.

Le chef de gare se présente à lui dans le temps qu'il poussait son cheval sur la voie, où deux trains allaient se croiser. Observation de sa part ; refus d'y obtempérer de la part du lieutenant ; la monture de ce dernier effrayée se cabre et l'envoie mesurer le sol.

Dans cette position, il était impossible au Prussien, qui avait consciencieusement fêté Bacchus, de se relever ; aussi cria-t-il : « Aux armes ! »

Le poste tout entier sort, menaçant ; le Hosius désigne le chef de gare. Quarante soldats furieux se ruent sur lui...

L'affaire de M. Renard fit du bruit. Une enquête fut ordonnée par le colonel allemand ; il lui semblait difficile d'admettre que ses 40 hommes n'eussent pas été les victimes du chef de gare.

Sur ces entrefaites, M. Pouyer-Quertier arrive de Versailles. Instruit des événements, il se transporte à la *commandature* pour demander la mise en liberté de M. Renard. On lui répond par la demande d'une somme de 20,000 fr. Notre ministre offre sa caution et sa signature ; le commandant refuse. Il était tard, les banques étaient fermées, — c'était dimanche d'ailleurs ; — ce ne fut qu'à grand'peine qu'on put trouver, assez avant dans la soirée, à la succursale de la Banque de France, vingt billets de 1,000 fr. dont on daigna se contenter.

On remit M. Renard en liberté ; le poste fut diminué de moitié, et les officiers furent invités à passer leurs rondes à pied.

Seulement, comme le code militaire prussien ne badine pas, un conseil de guerre instruisait l'affaire du lieutenant et le reconnaissait, *in petto*, coupable de s'être enivré pendant son service. Ce cas entraîne la peine de mort. Mais on dut en tourner la conséquence désagréable. Aussi, moins d'une semaine après, M. Renard se vit-il arrêté de nouveau. Le conseil de guerre prussien étant convoqué, il fallait bien l'utiliser : le chef de gare fut traduit à sa barre et condamné à quatorze jours de prison.

De cette ingénieuse façon, le coupable dans l'échauffourée de la rue Verte n'était autre que l'assailli ; l'assaillant devenait la victime. Que le code militaire est donc une terrible invention ! Et comme on a raison de dire qu'il ne fait pas bon plaisanter avec la discipline prussienne !

L'honorable représentant de la compagnie de l'Ouest, puni pour avoir fait son devoir, subit les injustices de l'oppresseur avec la plus grande dignité ; il pria même la presse de ne pas divulguer sa mésaventure. D'ailleurs, tout blâme, même indirect, de la conduite des Prussiens, eût amené sur la ville un redouble-

ıent de vexations. Il y avait vraiment du patriotisme
t du mérite à se taire, quelque démangeaison de par-
ır qu'on pût avoir.

M. Renard fit sa prison au Palais-de-Justice; le
eutenant continua ses dévotions au disciple du vieux
ilène; la buvette du poste redevint un séjour d'allé-
;resse, et, si la ronde fut dorénavant faite à pied,
ela tint uniquement à ce qu'il n'est point prudent de
nonter à cheval quand on n'a pas su faire acte de
empérance.

C'est à cette même gare que, sur la fin de l'occu-
)ation, un colonel prussien reçut de don Pedro II,
:mpereur du Brésil, de passage à Rouen, un bien
oli camouflet.

Venu pour faire sa cour à Sa Majesté Brésilienne,
l'officier, grand gaillard à la mine arrogante, n'en
obtint que ce mot, prononcé distinctement et avec le
ton du plus profond mépris:

— Monsieur, je n'ai rien à vous dire.

En même temps, don Pedro II faisait aux autorités
françaises le plus bienveillant accueil.

LES HOPITAUX.

L'administration des hospices de Rouen s'est vu
imposer, pendant l'occupation, un surcroît de dépenses
considérables.

Tout d'abord, on lui imposa l'obligation de fournir
à l'Hôtel-Dieu et à l'Hospice-Général les éléments de
deux services, ayant chacun 200 lits. En conséquence,
des salles contenant ce nombre considérable de lits
furent livrées aux médecins allemands, qui y instal-
lèrent un personnel spécial étranger à celui des hôpitaux. C'était un moyen d'empêcher, de la part des

malades et des blessés , de compromettantes indiscrétions. On sait que , dans l'armée prussienne, rien n'est négligé et que l'on songe à tout.

A l'arrivée des Prussiens, il y avait dans les hôpitaux 100 malades ou blessés de l'armée française. Le chef du service médical du 8ᵉ corps, ayant rang de général , avait compris que ces hommes ne pouvaient être considérés comme prisonniers de guerre, et avait permis qu'ils sortissent, pourvu qu'ils ne revêtissent pas leurs uniformes. Mais le 8ᵉ corps ne resta à Rouen que quatre jours, et le chef du service médical du 1ᵉʳ corps , qui le remplaça, tout en s'inclinant courtoisement, au nom du général dont on invoquait la promesse, ne voulut pas laisser sortir les militaires restés à l'hospice. Il consentit seulement, attendu qu'il fallait faire de la place pour des Prussiens, à laisser interner les militaires français au grand séminaire.

LES ROUENNAIS FUSILLÉS.

Dans la soirée du 5 décembre, au moment où une colonne prussienne établissait ses logements rue d'Amiens, M. Derotte, épicier au n° 71, tira, de sa maison, un coup de fusil sur les soldats. Aussitôt la boutique fut enfoncée, et M. Derotte fut saisi et accablé de coups , malgré les cris de sa femme et de sa fille, jeune personne d'une vingtaine d'années. Le propriétaire de la maison fut lui-même arrêté et maltraité, bien qu'il fût resté étranger à l'acte de son locataire. On le remit pourtant en liberté ; mais il n'en fut pas de même du malheureux Derotte, qui fut jugé et condamné à mort.

A la nouvelle de cette condamnation, M. Nétien, maire de Rouen, fit avec l'autorité municipale, de pressantes démarches pour obtenir la grâce de l'accusé, celui-ci n'ayant d'ailleurs atteint aucun soldat prussien ;

lais l'autorité militaire resta inflexible. Un exemple
lait, prétendait le général, le seul moyen d'empêcher
es troupes de se livrer à de sanglantes représailles.

M. le maire de Rouen se rendit alors chez l'arche-
êque, pour l'informer de ce qui se passait et réclamer
i bienveillante intervention. M. l'archevêque se hâta
e répondre à cette demande : il fit à son tour des dé-
iarches multipliées ; elles restèrent sans effet, et le
décembre, à six heures du soir, le malheureux De-
otte était fusillé dans la prison de Bonne-Nouvelle,
ù il a été inhumé.

M. Derotte laisse une veuve, une fille et un fils. Ce
ernier, garde mobile, venait d'entrer à l'hôpital, et
'est avec son fusil que Derotte père a tiré sur les
russiens.

Un triste et singulier malentendu a marqué l'exécu-
.on de M. Derotte. On avait amené devant le peloton
n homme arrêté pour avoir coupé un fil télégraphique.
n entendant lire la sentence en français, ce dernier
éclama, affirma qu'il ne s'appelait pas Derotte. On le
econduisit donc en prison et la véritable victime vint
rendre sa place.

Après la signature des préliminaires de la paix, une
econde exécution capitale eut lieu dans le même
tablissement de correction.

Le 4 mars, le directeur en fut averti par l'autorité
russienne ; il protesta énergiquement et fit savoir
u maire, au procureur général et au procureur de la
tépublique, seules autorités françaises alors à Rouen,
u'il n'obéirait qu'à la force. Ces fonctionnaires entrè-
ent en conférence avec le cardinal et le général prus-
ien ; ils demandaient, conjointement avec M. l'arche-
êque, la grâce d'un matelot, Victor-Emmanuel Sabot,
ondamné à mort par un conseil de guerre allemand.

La grâce ne fut pas accordée ; seulement on la fit
spérer, et une dépêche fut adressée au roi de Prusse,
i Versailles. Le général prévint M. Nétien que l'exécu-
ion, si elle avait lieu, ne se ferait pas dans la prison.

Mais on sait ce que valent les promesses de ces messieurs.

Ils se gardèrent bien d'attendre une réponse — qui pouvait être une grâce — à la dépêche, et le lendemain matin, à six heures, une forte escouade amenait Sabot à la prison de Bonne-Nouvelle avec ordre d'agir *par la force* si l'administration essayait de faire de l'opposition.

Les Prussiens se montrèrent d'une brutalité révoltante, repoussant même brusquement de la crosse de leurs fusils, l'inspecteur, qui, sur la demande de Sabot, lui faisait donner à boire. L'exécution eut lieu sans délai ; mais cette fois le corps fut laissé sur place sans sépulture. Prévenu immédiatement par l'administration, le commissaire de police de Saint-Sever vint constater le décès, et, avec l'autorisation de la mairie, la levée du corps eut lieu, et l'inhumation fut faite dans le cimetière de Saint-Sever.

Un double monument funèbre rappellera sans doute, pour perpétuer la haine de l'étranger, ces lamentables incidents de l'occupation.

A l'usage des pays qui ont eu le bonheur de n'être pas envahis, nous allons, pour donner une idée des émotions par lesquelles passèrent les habitants de Rouen pendant l'occupation, reproduire le récit d'un honorable Rouennais, qui nous accorde l'autorisation de publier une de ses « journées d'invasion : »

« Un matin du mois de mars — nous dit-il — je me rendis, de Cailly, que j'habite une partie de l'année, à Rouen, chez mon tailleur, demeurant dans la cour Martin.

» Les étages supérieurs de la maison étaient occupés par des soldats allemands ; l'un d'eux se faisait remarquer par de révoltantes brutalités. Ajoutez qu'il avait l'habitude d'amener dans sa chambre de misérables créatures, dont les orgies scandalisaient le voisinage. Ce jour-là, le Prussien, surexcité par l'ivresse alcoolique, voulait forcer son hôte à lui envoyer sa fille, jeune et charmante personne, qu'il prétendait contraindre à lui faire son lit. Le père refuse avec énergie ; il parle allemand, d'ailleurs, et ses exhortations devraient être comprises du soldat.

» Mais pas du tout. Se saisissant de son fusil, le Prussien, furieux, vise son interlocuteur et presse la détente. Le coup part. Heureusement, celui dont la vie est ainsi menacée a pu, d'un revers de main, écarter le canon de l'arme : la balle va briser une glace non loin de là.

» La détonation met sur pied les voisins ; on s'enquiert ; chacun se barricade chez soi ; le soldat, resté seul dans sa chambre, y fait encore entrer plusieurs femmes... Quelques instants après, des sanglots étouffés, partant de l'escalier, parvenaient jusqu'à moi... J'en augurai que, si la fille du maître de la maison avait, sans défiance, pénétré dans l'appartement, selon les désirs du misérable, elle eût été menacée du plus indigne traitement.

» Tout triste, j'allais reprendre le chemin de ma maison de campagne, où pour le moment je ne logeais guère que 40 militaires. Pas dangereux du tout ceux-là, mais, dame ! chapardeurs en diable !

» Ah ! c'est avec eux qu'il ne fallait rien laisser traîner. D'ailleurs, le soldat allemand a deux points de ressemblance très marquée avec le sauvage de l'Amérique du Sud : l'ivrognerie et la passion du vol pour les bibelots. Entre autres objets qu'on m'avait dérobés, je regrettais particulièrement un très beau fouet de calèche tout neuf, garni d'argent.

» Justement, sur ma route, à deux pas du Théâtre-des-Arts, j'aperçois quatre ou cinq de mes gaillards, en train de se promener en ville et s'amusant avec mon fouet.

» Ma foi ! je me hasarde à prier un officier qui passait

9

de me faire rentrer dans mon bien. — Il y consent, et
même d'assez bonne grâce, je dois le dire. Puis il
s'éloigne.

» Mais il n'avait pas tourné le coin de la rue Jacques-
le-Lieur, que mes voleurs, ne se sentant plus sous sa
coupe, se ruent sur moi, mettant la baïonnette au
bout de leurs fusils, me maltraitent et m'arrachent
l'objet de leur convoitise.

» Il s'en fallut bien peu que je ne fusse percé de part
en part, pour avoir essayé de défendre mon fouet.

» Pour le coup, je me rendis, sans m'arrêter, à Cailly.
Sur la porte de ma maison, se tenait un jeune lieutenant allemand, l'air souriant et affable. Il engagea la
conversation avec moi. — N'avez-vous pas été soldat?
me demanda-t-il. — Un peu moins de vingt ans, lui
répondis-je.

» Aussitôt, faisant un signe à son planton, il bara-
gouine quelques mots; sur quoi ledit planton s'éloigne
et revient peu de minutes après avec deux baguettes
d'une respectable longueur. A cette vue, j'avoue que je
fus intrigué au plus haut point : quelle destination
pouvaient bien avoir ces singuliers instruments? Mes
Prussiens riaient dans leur barbe rouge.

» Enfin, l'officier, se posant en prévôt d'armes, me
proposa quelques passes d'escrime. « A ce jeu, me
dis-je, il a trouvé son maître. »

» Effectivement, pendant un quart-d'heure, je le
harcelai, je le touchai, je l'exténuai... Que diable!
la France ne pouvait pas être battue partout et toujours.

» Je ne me lassais pas, et j'eusse continué mes coups
droits et mes pointes, si la baguette ne s'était cassée
au beau milieu.

» — Plus de bataille; nous n'avons plus d'armes!
s'écria mon adversaire, ravi de profiter de la circonstance.

» Pour un jeune Achille victorieux, ce n'était pas

trop glorieux, tout de même, n'est-ce pas, monsieur,
d'être ainsi battu par un vieux Nestor ? »

Ici se termine la journée du Rouennais envahi ; on
le voit, elle a été passablement agitée, et tout y a
trouvé place : le drame et la comédie.

_____

Après tant et de si humiliantes épreuves, l'heure de
la délivrance, annoncée et démentie maintes fois,
sonna, le 22 juillet, pour les habitants de Rouen.

Depuis quelque temps déjà, le faubourg Saint-Sever,
sur la rive gauche de la Seine, était débarrassé des
hôtes incommodes dont la rive droite avait seule la
charge et les ennuis.

On avait obtenu, dans les dernières semaines, que
les troupes allemandes fussent en partie logées dans
les casernes ; le reste occupait encore les maisons particulières. Ces hommes, depuis les dernières conven-
tions des gouvernements français et prussien, étaient
nourris aux frais de leur intendance. Ils apportaient,
par conséquent, leurs vivres chez l'habitant ; mais ces
aliments étaient presque toujours de si détestable
qualité qu'ils n'y pouvaient toucher. Prises de pitié,
beaucoup de personnes leur fournissaient encore le
nécessaire.

D'ailleurs, l'armée prussienne paraissait livrée à
deux maux, dont se préoccupaient les chefs. C'étaient :
la hâte de rentrer enfin dans leurs foyers, et l'esprit
d'indiscipline, nous dirions presque de rébellion,
contre le joug militaire.

Ainsi, les soldats de l'empereur Guillaume, serfs
abrutis pour la plupart, seront venus prendre à la
France un peu de son immortel esprit d'indépendance
et de liberté ; l'aigle allemand aura remporté dans ses
serres un lambeau du drapeau tricolore, et ce trophée
lui sera funeste.

Voilà un résultat de l'invasion que le profond prince de Bismark n'avait pas prévu...

Quoi qu'il en soit de l'avenir réservé aux armées de la Confédération, les troupes de Rouen, en quittant cette ville, se dirigèrent sur Gournay-en-Bray, Amiens, Beauvais et la Champagne,

Elles devaient remplacer, dans cette dernière province, les garnisons que le traité de paix autorisait la Prusse à y faire séjourner jusqu'à parfait paiement de l'indemnité.

———————

Gournay, première localité normande visitée par les Prussiens,. fut aussi la dernière qu'ils abandonnèrent.

Un cavalier, un hulan, qui fermait la marche, lors de cette évacuation, le 24 juillet, s'arrêta aux abords de Gournay, pour vider, sans quitter la selle, une chope d'eau-de-vie. Quelque habitude qu'il eût de l'opération, elle lui prit encore un certain temps, d'autant qu'il prétendait payer l'hôtesse avec un mauvais thaler prussien en papier, et que celle-ci s'en souciait médiocrement. On discuta.

Le hulan fut donc en retard sur ses camarades.

Ce que voyant, à la fin, il leva les yeux, mesura la distance qui le séparait de son escadron, et piqua des deux. Le cheval, jolie et fine bête volée à quelque éleveur normand, se cabra sous la blessure, puis s'élança comme un ouragan.

Des nuées de poussière enveloppèrent le cheval et l'homme ; le bruit du galop s'affaiblit jusqu'à n'être plus perceptible. Encore un roulement d'affûts sur le pavé de la route lointaine... et ce fut tout.

La Normandie était libre. Avec ce cavalier, la douloureuse contrainte de sept longs mois disparaissait dans la poussière du passé.

Mais le souvenir de ce qu'elle a souffert réveillera longtemps dans le cœur des fils de cette belle province les échos de la vengeance !

APRÈS LA RETRAITE DE BUCHY.

L'ARMÉE DU HAVRE. — GAINNEVILLE.

Elle avait été bien pénible, cette retraite. Hélas! on nous pardonnerait d'écrire : cette déroute!

De malheureux soldats, épuisés de fatigue et de faim, traînant, de l'air le plus démoralisé qu'on pût voir, leurs armes inutiles, refusant d'aller plus loin, n'obéissant plus à leurs officiers, pestant, jurant, chantant, injuriant les chefs; d'autres, désolés et regrettant leur foyer, qu'ils pensaient ne plus revoir... Ah! ce spectacle, pour qui l'a eu sous les yeux, restera l'un des plus navrants souvenirs de l'invasion.

Ajoutons qu'à tout instant, la longue file de troupes qui s'étendaient de Couronne à Routot, était prise de panique, et que beaucoup s'écriaient : « Les Prussiens nous suivent! » Ou : « Voici les hulans! » Positivement, on croyait entendre le bruit du canon à l'arrière-garde, comme si les Allemands, entrés à Rouen depuis quelques heures, avaient cinq ou six mille cavaliers, appuyés d'artillerie, à lancer aux trousses des Français.

Nous le disons ailleurs, la petite armée, repliée à Honfleur (1), gagna le Havre à travers mille difficultés qu'il serait peut-être puéril de raconter ici. Le passage des troupes ne dura pas moins de six jours.

Arrivés au Havre, nos soldats, quasi nus et litté-

---

(1) Toutes les troupes n'ont pas gagné le Havre par Pont-Audemer. Le 3e bataillon des mobilisés de Rouen, commandé par M. Deverse, avait reçu l'ordre de battre en retraite par Saint-Georges. Comme il y a plusieurs Saint-Georges, une indécision dans la direction eut lieu. — On résolut de battre en retraite par la rive droite. Heureusement, à Duclair, on trouva le remorqueur *Grand-Empereur*, qui embarqua tout le bataillon et le transporta au Havre.

ralement sans chaussures, furent logés tant dans les bâtiments de la ville que chez les habitants. Ces derniers se mirent de tout cœur à l'œuvre du soulagement de leurs misères. Mais elles étaient si grandes et si nombreuses, que la tâche dut rester imparfaite. Le Havre, d'ailleurs, n'a pas besoin qu'on s'appesantisse sur sa générosité proverbiale; il a fait depuis longtemps ses preuves.

Vers le 10 décembre, des ordres venus de Tours avaient distrait, des 25,000 hommes arrivés au Havre, environ 5,000 hommes, qui furent embarqués peu après dans les transports de l'Etat, dirigés sur Cherbourg, et de là incorporés dans l'armée de la Loire. Parmi ces bataillons, se trouvait celui des mobilisés de la vallée de Déville.

La municipalité du Havre s'émut de ces départs et prit sur elle de les arrêter.

C'est ainsi que le 3ᵉ bataillon des mobilisés de Rouen, embarqué sur l'*Hermione*, débarqua le lendemain matin, sur l'ordre de M. le maire du Havre.

Des scènes regrettables eurent lieu, pour forcer la main à la municipalité, sous les fenêtres du colonel X... et du général Briand, logés à l'Hôtel-de-l'Europe.

L'inaction apparente des troupes réfugiées au Havre cessa par la marche en avant des volontaires de M. Mocquart, qui se dirigèrent sur Saint-Romain-de-Colbosc.

Le 26 décembre, sortaient du Havre :

Les artilleurs de la garde nationale de la ville,

Un bataillon de marche de la ligne,

Plusieurs bataillons de mobilisés, entre autres le 1ᵉʳ et le 2ᵉ de Rouen.

Il paraît que le plan adopté par les autorités consistait à disséminer autour de la ville les troupes en état de marcher et de porter les armes, mais de manière qu'elles fissent un éventail tout prêt à se *replier*, — encore ce mot ! — au premier coup de canon.

Un de nos amis nous a conté ainsi l'odyssée de la colonne expéditionnaire, dont il faisait partie :

« Nous partimes donc le 26 décembre au matin, par un temps splendide, et nous couchâmes à Saint-Romain. Là, rien de particulier : quelques alertes, vraies ou fausses ; des grand'gardes, en expédition audacieuse, de la 2ᵉ compagnie (capitaine Perot) du 1ᵉʳ bataillon de Rouen, dans Lillebonne, où elle prit quelque nourriture.

» Le matin du Jour de l'An, on nous dirigea sur Saint-Jean-de-Folleville, où nous restâmes cinq jours. Le diable m'emporte si j'ai jamais su pourquoi... On voulait, disait-on, surprendre les Prussiens, qui nous ont assez surpris... puisqu'ils ne sont jamais venus !... Là nous souffrîmes cruellement du froid et un peu de la faim jusqu'au 4 janvier, jour où nous nous sommes repliés sur Gainneville.

» Mais le 6 janvier au matin, nous fûmes attaqués, en train de déjeuner, par une centaine de cavaliers prussiens, suivis de deux pièces d'artillerie.

» Les cavaliers descendirent dans la vallée de Gournay, et les deux pièces nous envoyèrent des obus pendant une bonne demi-heure. Un des obus tomba sur la devanture d'une boulangerie, et le boulanger fut blessé d'un éclat ; un autre éclat blessa grièvement notre caporal clairon Bonnel. M. Bonnel fut quatre ou cinq mois à se guérir, et marcha longtemps avec des béquilles (1).

» Peu à peu, les Prussiens se retirèrent. Nous possédions, au moment de cette affaire, trois ou quatre pièces de montagne et deux mitrailleuses américaines qu'on négligea de faire entrer en ligne.

» Le 7, nous nous replions tous sur Orcher, dans la grande ferme de Gonfreville et les environs. Nous travaillâmes aux tranchées, qui partaient du château

---

(1) M. Bonnel a été récompensé par la médaille militaire.

d'Orcher vers la Seine, coupaient la route du Havre à Rouen, au haut de la côte d'Harfleur, descendant sur la route de Montivilliers, et remontaient ensuite vers Octeville et la mer, en suivant presque la route qui va de Montivilliers à Octeville. A cet endroit, elles rejoignaient la mer, en se rapprochant du Havre.

» Le 10, notre bataillon rentra au Havre.

» Le 11, le 2e bataillon des mobilisés rouennais, posté au haut de la côte, reçut une centaine de Prussiens à coups de fusil.

» Cette petite affaire, qui nous fit quelque honneur, et qui se passa plus près de Gainneville que d'Orcher, est à distinguer de la première escarmouche de Gainneville, où nous n'eûmes d'autre mérite que de coucher sur nos positions.

» Dans l'escarmouche du 11, au contraire, le 2e bataillon fit preuve de courage. Une compagnie, qui était en grand'garde en avant, fit le coup de feu *pendant trois quarts-d'heure* et brûla presque toutes ses cartouches. Le lendemain, elle fut mise à l'ordre du jour de l'armée du Havre, et cet ordre fut publié dans les journaux.

» La compagnie en question, qui était composée de braves jeunes gens des quartiers Saint-Vivien et Saint-Hilaire, de Rouen, eut deux blessés, dont un, le lendemain, mourut de ses blessures.

» Le lendemain 12, les Prussiens revinrent encore au même endroit et jetèrent des obus dans la ferme de Gonfreville-l'Orcher, où se trouvait le 3e bataillon; celui-ci sortit immédiatement en colonne et monta la côte. Les Prussiens, alors, se retirèrent, et le bataillon suivit courageusement sa trace jusqu'à Saint-Romain. »

MOULINEAUX.

LA BOUILLE. — ORIVAL. — LE CHATEAU DE ROBERT-LE-DIABLE.

Aussitôt après qu'il eut occupé Rouen, l'ennemi prit possession sans coup férir d'Elbeuf, de Grand-Couronne, de Routot et de Pont-Audemer.

De cette dernière ville, une alerte le chassa le 10 décembre ; ses colonnes revinrent vers Rouen.

Manteuffel avait, avec une prudence qui aurait dû donner à réfléchir aux généraux français, fortifié les abords de Rouen, depuis Elbeuf d'un côté, jusqu'à Isneauville de l'autre.

Il défendait le cours de la Seine à l'aide de torpilles, et publiait avec grand fracas dans son *Moniteur Officiel* que le fleuve contenait des piéges.

Sont-ce les torpilles qui empêchèrent les canonnières francaises d'évoluer entre le Havre et Rouen, et de protéger ainsi l'arrivée d'une colonne de secours ? Est-ce la glace, laquelle en décembre, à la vérité, rendait la Seine presque partout solide ?

Ou faut-il croire que l'armée réfugiée au Havre, dans un tohu-bohu d'ordres contradictoires, placée entre une administration préfectorale qui ne pouvait rien faire (1) et une administration locale qui brûlait du désir d'agir ; ballottée entre le commandant Mouchez, qui ne songeait qu'à se procurer de l'artillerie pour défendre les forts, et le général Peletingeas, dont toute la préoccupation était la cavalerie ; faut-il

---

(1) Dès le 5 décembre, M. Desseaux, préfet de la Seine-Inférieure, avait quitté Rouen et transporté la préfecture au Havre, où il s'était rendu *viâ* la Bouille.

Plus tard, la délégation de Bordeaux nomma préfet M. Sadi-Carnot, aujourd'hui député de la Côte-d'Or.

s'étonner, disons-nous, que l'armée fût rendue impuissante ?

Cependant, vers Lisieux, le général Roy avait organisé une colonne d'expédition et se disposait à l'attaque. Sous ses ordres s'étaient groupés les mobiles des Landes, ceux de l'Eure et les braves enfants de l'Ardèche.

Le 24 décembre, nuit de Noël, nuit du réveillon... (autrefois ; mais pour ce réveillon-là !...), un officier prussien fait arrêter trois otages à Saint-Ouen-de-Thouberville. Ces trois personnes, menées à pied au milieu de 80 Prussiens, étaient : MM. Picquenot, propriétaire ; le curé de Saint-Ouen et l'adjoint au maire. La maison de M. Duputel, le maire, devient la proie des flammes. L'incendiaire se nomme le commandant Dehring.

Le prétexte allégué pour ces rigueurs était celui-ci :

Un soldat prussien, quelque peu éloigné du poste avancé de Moulineaux, avait reçu d'un adversaire qu'on supposait être un franc-tireur, une balle qui l'avait tué roide.

— Des francs-tireurs !

Il faut avoir vécu dans ces jours d'angoisses pour comprendre ce que cette nouvelle avait de cruel et à la fois de consolant pour les malheureux habitants.

Isolés, en effet, et quand ils ne s'appuyaient pas sur des forces régulières suffisantes, les francs-tireurs, qui, d'ailleurs, étaient dans leur rôle en tuant le plus d'ennemis possible, attiraient fatalement de terribles représailles sur les localités où avaient lieu leurs attaques.

Mais la joie de revoir des uniformes français, le besoin de croire que des forces imposantes venaient en aide aux « envahis, » plus encore la rage de se voir à la merci de vainqueurs grossiers et le désir d'assister à leur défaite, dépassèrent, chez la plupart des citoyens, le niveau des craintes.

Quoi qu'il en soit, les Prussiens dirigèrent sur Grand-Couronne une nombreuse artillerie, tout prêts à lui faire prendre la parole, si besoin était.

Le 30 décembre, l'action s'engage. Du côté de l'immense forêt de la Londe, on entend, à six heures du matin, le crépitement d'une fusillade que ponctue de temps en temps la voix du canon. La campagne est couverte d'une neige épaisse ; il fait un froid de Sibérie.

C'était le général Roy (peut-être comptait-il sur une jonction avec l'armée du Havre ?...) qui attaquait bravement les positions prussiennes et les enlevait. La Bouille, Orival et le château de Robert-le-Diable tombaient en notre pouvoir.

Voilà les Prussiens en pleine retraite sur Couronne. Ils emportaient dans leur fuite de nombreux morts et de nombreux blessés.

Les Français descendent aussitôt dans le village de Moulineaux et l'occupent. Mais ils se laissent emporter par l'enivrement du succès ; ne faut-il pas, de toute nécessité, que cette petite troupe poursuive les fuyards ! « On va pénétrer dans le chef-lieu à leur suite.... »

Non loin du Grésil, pourtant, à un kilomètre de Grand-Couronne, on est arrêté au croisement de deux routes par une tranchée profonde qui barre le passage, et descend jusqu'à la Seine.

Cette tranchée, où le génie militaire avait mis tout son savoir-faire, était l'œuvre du Comité de défense départemental. Cela devait servir à empêcher les Prussiens d'entrer à Rouen !...

Une effroyable détonation, formée de détonations multiples, déchire l'air ; la tranchée s'enflamme : elle est remplie de canons allemands qui tirent sur les mobiles. Ceux-ci, laissant sur le terrain une certaine quantité de morts, rentrent à Moulineaux.

Qu'allait-il advenir de ce pays ? Si les Allemands

tenaient à reprendre cette position (1), un bombardement épouvantable allait s'ensuivre, et aucune maison
ne devait rester debout. Une émigration générale fut
résolue. Six ou huit habitants, y compris le maire,
M. Duhamel, eurent seuls la patriotique témérité de
demeurer à Moulineaux.

Voici ce qui eut lieu :

Dans la nuit du 3 au 4 janvier, nuit glaciale où la fine
neige qui tombait se transformait en givre avant de
toucher le sol, un fort détachement de Prussiens quitta
Rouen, avec une artillerie formidable, et, se ruant à
l'improviste, avant le jour, sur nos gens, les força
d'évacuer Château-Robert et la Bouille.

. . . .

Une surprise ! Des troupes dispersées jusqu'à Bourg-
Achard, jusqu'à Routot, jusqu'à Pont-Audemer ; nulle
cohésion : une sécurité stupide, après le coup de
main heureux du 30 décembre. Plus que tout cela,
l'apathie de certains officiers, d'un colonel, notamment, dont l'irrésolution n'avait d'égale que son intem-
pérance.

Mais les pertes des Allemands, en ce jour néfaste,
furent grandes ; sans exagération aucune, on peut les
évaluer à 1,000 hommes tués ou mis hors de combat.
Plusieurs chefs : un colonel du 3ᵉ régiment d'infanterie, un lieutenant-colonel, un capitaine de hulans, une
trentaine de sous-officiers, morts ou blessés grièvement, furent ramenés à Rouen.

Le major Sachs, commandant de place de cette ville,
y mourut deux jours après, des suites d'une blessure
à la tête.

---

(1) Et ils y tenaient certainement : les cartes topographiques trouvées
sur quelques officiers en témoignent. Les positions à occuper étaient indiquées en gros caractères ; on s'étonne d'y voir, par exemple, outre Moulineaux, un hameau qui en dépend, la Vacherie, où il existe seulement un
château, quatre maisons de pêcheurs et une ferme ; quant à la Bouille et
Orival, ces noms étaient mis en *vedette* sur les cartes, tout comme Grand-
Couronne, le chef-lieu de canton.

Les Prussiens avaient mis en ligne, pour ce combat, 8,000 hommes, qu'appuyaient 60 canons et mitrailleuses.

Nous laissâmes peu de morts sur le champ de bataille. Le chiffre en est encore incertain.

Au château de Robert-le-Diable, 14 cadavres de Français reçurent la sépulture par les soins de l'autorité locale (1).

A partir de cette revanche des Prussiens, s'évanouit l'espoir des Rouennais d'être délivrés de leurs envahisseurs; l'occupation, qu'on avait crue momentanée, et qui, à travers des phases douloureuses, fit subir au pays les plus odieuses épreuves, devait se prolonger jusqu'au 22 juillet, c'est-à-dire embrasser une période maudite de 230 jours de deuil et d'humiliations.

UN COMBAT (2).

4 JANVIER 1871.

Dans la nuit du 3 au 4 janvier 1871, les deux soldats allemands que je logeais furent réveillés par de grands cris; des coups de crosse de fusil dans notre porte, et les sonnettes mises partout en branle ne me permirent pas plus qu'à eux de rester endormi.

Les deux pauvres diables sortirent du sommeil en sacrant, tâchèrent d'écarquiller leurs gros yeux gris aux paupières de plomb et se disposèrent à s'équiper le plus rapidement possible.

(1) Un monument doit être élevé à la mémoire de ces braves.

(2) Nous prions le lecteur de nous pardonner la forme personnelle donnée à ce récit; nous avons cru qu'il était indispensable de l'adopter, nous réservant d'en présenter nos excuses, — le *moi*, suivant Pascal, étant toujours haïssable.

10

L'un d'eux m'appela. — Mossié ! Mossié ! — Je me présentai. Ils voulaient que je leur fisse chauffer du café.

Comme ils le buvaient, lissant leurs cheveux roux d'une main, et de l'autre emplissant de cognac leur tasse, un caporal gravit le premier étage. Ce caporal, dont on nous avait fait connaître la position, était juge de paix aux environs de Postdam ; il possédait — au dire des soldats — un million et demi de fortune. — En France, à Rouen, il courtisait assidûment les servantes.

— Prenez tout ce que vous avez ici, dit-il à ses subordonnés ; n'oubliez rien.

Les deux malheureux comprirent. Ils allaient au feu ! Rien n'était moins certain que leur retour au gîte, le soir...

Le plus jeune voulut, à toute force, me serrer la main, tout en répétant — Malheir, Mossié ! malheir ! Oh ! Bismark, oh ! Napoléon... *capout !* (1).

Son camarade accablait de caresses Pompée, mon chien, lequel, par morgue patriotique, ne les lui rendait pas.

Les Prussiens recherchent et flattent les chiens ; ils affirment que ces animaux leur ont très souvent sauvé la vie en les préservant des surprises des francs-tireurs.

Les rues, cependant, s'emplissaient du vacarme guerrier ; l'artillerie se frayait un chemin dans la neige, qui tombait sans cesse ; les officiers, droits et roides sur leurs grands chevaux, jetaient dans la nuit leurs commandements rauques ; les sergents faisaient l'appel.

On entendait des coups mats et des jurons : les

_____

(1) J'ai vu beaucoup d'Allemands, de Prussiens surtout ; eh bien ! ils paraissent n'avoir une vénération particulière que pour le roi Guillaume.

voies de fait sont un des moyens de domination chez les Allemands.

L'expédition était forte de 10,000 hommes environ et munie de 40 pièces. Divisée en deux colonnes, elle quitta Rouen par les ponts et suivit la route d'Elbeuf jusqu'à Couronne........

Ce jour-là, il ne resta pas dans la ville 1,500 hommes pour toute garnison !

Quatre jours auparavant, le 30 décembre, une colonne française, composée des mobiles de l'Eure, de ceux des Landes, des braves enfants de l'Ardèche et d'un détachement des éclaireurs Mocquart, s'était, sous le commandement du général Roy, emparée des positions prussiennes de la Bouille, d'Orival et du château de Robert-le-Diable. Ce hardi coup de main avait refoulé les Prussiens jusqu'à Grand-Couronne et Petit-Couronne ; depuis quatre jours, ils dévoraient cet affront et s'apprêtaient à en tirer vengeance.

A Rouen, nous connaissions l'échec éprouvé par nos envahisseurs ; à défaut d'autres indices, nous l'eussions pressenti à certaines mesures de rigueur prises contre nous et aussi à l'affectation d'airs joyeux avec accompagnement de fifres dont on nous prussiannisait le tympan.

Règle générale : quand un chef prussien avait été battu, il faisait jouer toute sa musique. Avis !

Notre espoir était que les troupes du Havre pourraient, en suivant les bords de la Seine par Caudebec et la Mailleraye, joindre le général Roy, ou du moins l'appuyer fortement par un mouvement offensif du côté de Duclair. Manteuffel avait justement la même crainte.

A six heures du matin, dévoré d'inquiétude, je m'arme... de ma canne, et j'enfile le chemin de Couronne, qu'ont suivi les Allemands. En route, un de mes amis, jeune homme plein de cœur, me rejoint ; il désire m'accompagner dans mon *voyage* à la découverte.

La campagne disparaît sous un linceul immaculé,
mais la neige ne tombe presque plus ; une sorte de
givre aigu nous cingle le visage, s'attachant à la barbe,
aux cheveux, et retirant à nos membres toute leur
élasticité.

Qu'importe ? il est difficile de marcher ; soit. Courons !

— Le canon ! Entendez-vous le canon ?

Ce n'est pas sans émotion que nous en comptâmes
les premiers coups ; chacun d'eux avait un écho dans
nos cœurs tordus par l'angoisse.

A droite, des coteaux ; devant nous, le cours sinueux
du fleuve ; à droite, c'était Duclair ; à gauche, Moulineaux et Orival.

Mais rien ne nous indique de façon précise le lieu
de l'engagement. On connaît les singuliers phéno-
mènes d'acoustique qui se produisent, pour les détonations du canon, lorsqu'elles se heurtent à des collines ; eh bien ! sur les 100 ou 150 Rouennais qui, ce
matin-là, se rapprochaient du combat, il n'y en avait
pas dix qui n'affirmassent qu'il devait s'accomplir entre
Duclair et Jumiéges, c'est-à-dire de l'autre côté de
l'eau. C'était une erreur, pourtant.

L'incertitude où nous étions se lisait sur nos visages.
En vain, d'ailleurs, essayâmes-nous d'aller plus loin
que Couronne : un poste prussien, aussitôt après notre
tentative, y fut installé.

Quelqu'un dit : — Ils sont battus, pour sûr, puisqu'ils ne veulent pas que nous y allions !

O bonne, chère, robuste confiance du Français, qui,
pour lui, transforme si vite en réalité le vœu de son
patriotisme, défaut de tous nos héros, vous en eus-
siez enfanté par milliers, si l'on avait su vous mettre
à profit !

Un officier d'artillerie prussien traverse la ligne,
lançant son cheval au milieu des curieux, au risque
d'en écraser quelques-uns, ce qui lui causerait fort
peu de regrets, du reste, puisque les victimes ne
seraient que des Français. Ledit officier retourne à

Rouen ; sa figure sombre exprime la colère, presque la rage.

Mon compagnon se jette au-devant de lui.

— Où est le combat ? s'écrie-t-il.

Le Prussien lève sa cravache ; son cheval se cabre, mais l'importun ne lâche pas prise. Tous, nous le regardons ; l'officier grommèle :

— A Moulineaux, à Couronne ; là, là... Mille diables ! laissez-moi passer.

Il pique des deux.

Les détonations du canon, ces grandes voix terrifiantes, sont, de minute en minute, traversées par le cri strident des mitrailleuses.

Il semble encore que tout cela se rapproche de nous.

Mais l'heure avançait ; le soleil avait percé les gros nuages gris dont les coteaux étaient enveloppés ; le froid perdait peu à peu de son intensité.

Il y avait bien six heures que nous étions là, les pieds dans la neige ; nous ne nous en apercevions guère.

Une vingtaine de vieux, découragés, avaient seuls quitté la place.

Tout-à-coup, une fusillade bien nourrie éclate ; le canon se tait. Puis plus rien.

L'affaire doit être finie.

Hélas ! est-ce encore une défaite ?

Le 4e régiment prussien, qui formait la haie depuis la route jusqu'au fleuve, ouvre ses rangs, et nous voyons s'avancer, lentement, lentement, entre deux files de soldats de la landwher ou du landsturm, une série de charrettes de paysans, conduites, pour la plupart, par les pauvres gens à qui elles appartiennent.

Plusieurs de ces véhicules regorgent de sacs, de fusils brisés, de sabres tordus ; un tambour français, crevé, gît au milieu de ces débris, qui sont des trophées...

Quelque chose de rouge, de sanguinolent, d'informe, attire nos regards sur une voiture mieux entourée que les autres : un homme, défiguré par une horrible blessure, y est couché ; on nous affirme que c'est le major Sachs, qui commandait la place de Rouen.

D'autres charrettes contiennent des Français, de pauvres braves mobiles de l'Ardèche, blessés plus ou moins grièvement, mais gais et fiers de s'être noblement battus.

On s'informe, on se presse autour d'eux, malgré les coups de crosse dont se montrent prodigues les soldats de leur escorte.

Ils nous apprennent que la petite armée française amenée au secours de Rouen par le général Roy s'est laissé surprendre à Moulineaux et au Château-Robert.

Avec une inconcevable incurie, presque excusée, d'ailleurs, par le dénûment dans lequel se trouvaient nos troupes, la ligne de défense s'étendait sur un parcours de plus de 24 kilomètres. On voyait des soldats jusqu'à Pont-Audemer !

Le désordre était partout. La plupart des officiers et des bataillons de la ligne se trouvaient à Bourg-Achard, quand ils eussent dû être à Moulineaux.

Que voulez-vous ? — *On avait confiance...*

Un misérable, un officier de mobiles, que je n'ai pas voulu nommer encore, mais qui mériterait d'être flétri par l'histoire, M. T... avait, pour sa part, une telle confiance, que, depuis deux jours, il était plongé dans les *délices* de la plus honteuse ivresse. C'est à ce dégoûtant personnage que, dans ce jour néfaste, on doit attribuer la perte de plusieurs de nos canons.

Mais revenons au lugubre défilé des blessés du combat qui vient de finir.

Un cri de désespoir s'échappa de toutes les poitrines françaises :

— Ainsi, toujours, toujours battus! Ah ! du moins, puisque nous le pouvons, secourons-les, ces frères malheureux qui sont là mourants, à la merci de leurs vainqueurs.

Uniformes usés de nos mobiles et de nos mobilisés, capotes rapiécées de l'infanterie de marine, quelle joie parmi nous de vous revoir si vous étiez à la gloire, et non à la douleur !

Sans se parler, sans se communiquer leur intention, toutes les unités de cette foule, qui s'augmentait des habitants du faubourg, comprirent qu'il fallait tenter quelque chose.

En face des Prussiens, à leur barbe, on se précipita sur les charrettes ; elles furent littéralement couvertes d'argent et de victuailles : les moribonds souriaient aux élans de cet accueil.

Mon compagnon et moi, nous avions retiré nos chapeaux, et, chacun d'un côté de la rue, nous faisions la quête :

— *Pour ceux qui sont couchés là !* disions-nous en désignant le navrant cortège.

Les femmes, — ai-je besoin de le dire ? — montraient cette ardeur de charité devant laquelle s'évanouit tout calcul égoïste.

Nous allions et nous revenions de l'un à l'autre blessé ; nous versions dans leurs mains les offrandes que leur envoyait la patrie gémissante.

J'en vis un, tout jeune, étendu sous un bâche ; sa belle figure brune respirait une incroyable sérénité :

— Prenez, lui dis-je, en lui offrant une poignée de pièces blanches.

Mais lui :

— C'est inutile ; je n'ai plus besoin de rien. Regardez !

Il entr'ouvrit sa capote : un boulet lui avait mis les intestins à nu.

C'était horrible !

Il me dit son nom, m'indiqua l'adresse de sa mère (elle habite Largentière) et me pria de lui écrire. Je m'acquittai pieusement de ce devoir. Le malheureux garçon mourut le lendemain à l'Hôtel-Dieu.

Arrivés au pont de pierre, nous fûmes en butte aux

brutalités des hommes de l'escorte. Ils craignaient que la population rouennaise ne leur enlevât les prisonniers.

La journée leur avait coûté cher : 1,000 hommes tués ou mis hors de combat, plusieurs chefs, un colonel du 3ᵉ régiment d'infanterie, un lieutenant-colonel, un capitaine de hulans, une trentaine de sous-officiers, morts ou blessés grièvement, — tel était le bilan de leur victoire.

Quand ils nous virent, en grand nombre, entourer les charrettes, quand ils entendirent sortir de plusieurs milliers de poitrines l'immortel cri de : « Vive la France ! » ils doublèrent l'escorte et croisèrent sur nous la baïonnette.

Une barrière infranchissable de casques pointus s'interposa entre la foule et les blessés, sur lesquels se referma bientôt la grande grille de l'hôpital.

Le soir du 4 janvier, mes deux soldats ne revinrent pas occuper la chambre que je leur avais donnée dans ma maison ; le juge de paix des environs de Postdam laissa, lui aussi, son logement inoccupé.

La balle d'un éclaireur Mocquart lui avait fait sauter le crâne.

BOLBEC.

A partir de la signature de la paix, les malheureuses populations eurent davantage à souffrir des maux de la guerre. Il semble que les Prussiens aient voulu rendre plus durs encore les derniers mois de leur séjour en Normandie.

Bolbec, si mal placé topographiquement qu'il paraissait destiné à devenir le théâtre de quelque sanglant combat entre les troupes du Havre et les Prussiens de Rouen, subit les pires exigences des ennemis.

Un mois environ après leur première apparition à

Bolbec, et lorsque cette ville avait déjà subi de fortes réquisitions, un officier allemand fut tué, dans la Grande-Rue, à sept heures du matin, par des francs-tireurs du Havre ; c'était le 13 janvier. Il n'en fallait pas davantage, à la façon dont l'ennemi entendait les lois de la guerre, pour attirer sur la ville tous les malheurs.

Sous la menace d'un bombardement, les Prussiens, dès le lendemain, imposaient Bolbec à 50,000 fr., somme assez difficile à trouver, dans un moment où l'on était contraint de payer les ouvriers avec des bons de circulation.

Cependant, sur les démarches du maire, M. Guillet, ils se contentaient de 27,000 fr., et douze heures après, ils incendiaient, — on n'a jamais su quel prétexte fut allégué pour cette exécution, — la belle propriété de Tous-Vents, appartenant à M. Carpentier, directeur du *Courrier du Havre*. Puis, comme si ce crime les avait mis en appétit, ils se ravisèrent quant à la transaction conclue, et déclarèrent qu'ils exigeaient 73,000 fr., pour compléter 100,000 fr., — ou, à défaut, trois otages !

Plutôt que de souscrire à cette prétention inouïe, le Conseil municipal tout entier s'offrit aux Prussiens ; mais leur commandant ne voulut laisser partir que trois personnes : MM. Desgenetais (Auguste), Fort-homme et Cotard, accompagnés du maire, pour aller à Roumare réclamer du général étranger la renonciation pure et simple à cette énorme imposition.

Un des trois otages raconte ainsi cet épisode :

« ..... Nous ne tardâmes pas à être désabusés , car ce général, dont je ne me rappelle pas le nom, ne voulut rien entendre, et nous dit simplement que, du moment où nous n'apportions pas la somme demandée, il nous gardait et nous internait à Duclair, où, en effet, l'ordre fut donné de nous conduire.

» Comme notre prétention, naturellement, était que

Bolbec ne pouvait être rendu responsable de la mort de l'officier tué par des soldats français, le général ajouta que nous étions si peu responsables, que si, *en notre absence de Bolbec*, il arrivait quoi que ce fût à ses hommes, il nous ferait fusiller...

» Après deux heures de séjour à Duclair, un officier invitait le maire à aller chercher les 73,000 fr., avertissant, d'ailleurs, que, faute de recevoir cette somme dans les quarante-huit heures, les otages seraient envoyés en Prusse. L'administration paya, le couteau sur la gorge.

» C'est ainsi que, du lundi matin au mardi soir, nous fûmes, mes amis et moi, enfermés dans une des salles de la mairie de Duclair.

» Pendant la première nuit de notre absence, un nouvel incendie se déclara à Bolbec, détruisant les écuries de M. Auger et plusieurs maisons y attenant, situées au cœur de la ville. Ce nouvel incendie, occasionné, dit-on, accidentellement par les Prussiens, n'en a pas moins été un grave et triste épisode de la guerre dans notre pays, car il jetait une terreur, bien facile à comprendre, dans la population, déjà très inquiétée par les événements précédents. »

SAINT-ROMAIN-DE-COLBOSC.

(JOURNAL DE L'OCCUPATION.)

9 Décembre 1870. — A trois heures du soir, arrivée de 160 dragons de la garde royale prussienne. Ils réquisitionnent de fortes rations de nourriture pour eux et leurs chevaux.

Nuit du 9 au 10. — Journée du 10. — Arrivée de 3,500 hommes, hussards, infanterie, artillerie.

11 Décembre. — 3,000 hommes de plus occupent le bourg; exténués de fatigue, ils se couchent dans la neige qui couvre la place, en attendant les logements qu'ils ont exigés.

Une partie de ces troupes se porte vers Gainneville. Les avant-postes de l'armée du Havre les reçoivent à coups de fusil.

12 Décembre. — A six heures du matin, départ subit vers le Nord, par suite de courriers venus dans la nuit. Faidherbe inquiète les Prussiens.

13 Décembre. — Après cette évacuation, quelques traînards parcourant encore le pays, les éclaireurs Mocquart prennent possession de Saint-Romain et font 9 prisonniers.

18 Décembre. — Brillant fait d'armes, à 2 kilomètres du bourg, quartier du Coq-d'Epines et de la Chapelle.

Six hommes du 3e régiment de hussards soutiennent, vers deux heures après midi, le choc de 30 cavaliers prussiens.

Voici les noms de ces six intrépides militaires :

MM. Bertrand , maréchal-des-logis ; — Rouget , brigadier ; — Champion, Brassard, Pellerin et Laurent , hussards.

Ce dernier est fait prisonnier par l'ennemi.

Un nombre relativement considérable de Prussiens sont mis hors de combat. Un d'entre eux , le dragon Rowalsky, reste sur le terrain ; on l'enterre le lendemain dans le cimetière protestant.

Deux Prussiens poursuivent jusque dans le bourg un éclaireur français à cheval et tirent sur lui sans l'atteindre. Le cheval qu'il montait , pris aux Prussiens , est abandonné par lui et repris par les deux hommes qui le poursuivaient.

Peu de temps après, les mêmes hussards tirent sur 4 cavaliers prussiens qui traversaient le bourg. Ils ont dû en blesser un qu'on a vu chanceler sur son cheval. On prétend que, tués ou blessés, les cavaliers prussiens ne tombaient pas, parce qu'ils étaient attachés sur leurs chevaux et emportés par leur monture.

Il est resté à l'ambulance de Saint-Romain, jusqu'au 20 avril 1871, un soldat prussien nommé Klée, blessé d'un coup de sabre reçu au défaut de l'épaule, dans le combat de Bolbec. Il est parti bien rétabli de sa blessure, après avoir été condamné par les médecins.

Cette cure fait honneur à l'ambulance sédentaire de la localité, pour les soins intelligents et constants qui y étaient donnés.

19 Décembre. — Des dragons prussiens occupent Saint-Romain, qu'ils abandonnent vers midi.

De l'infanterie et de la cavalerie havraise arrivent le soir.

20 Décembre. — Nouvelles troupes havraises avec artillerie. — Environ 4,000 hommes.

21 Décembre. — Départ en avant de ces troupes vers Bolbec et Lillebonne. — On signale les Prussiens, venant du Nord, vers Beuzeville.

22 Décembre. — *Eclipse* totale de troupes françaises, coïncidant avec une éclipse de soleil.

24 Décembre. — Après un combat à Bolbec, toute la colonne française se replie sur le Havre.

4 Janvier 1871. — Après plusieurs marches et contre-marches, les Français cantonnés entre Saint-Romain et Lillebonne se replient dans la direction du Havre.

5 Janvier. — 12 cavaliers prussiens sont signalés aux limites de la Remuée, à 5 kilomètres de Saint-Romain.

6 Janvier. — 109 cavaliers prussiens avec 2 pièces d'artillerie passent à neuf heures du matin, se dirigeant sur Gainneville, route du Havre. — Après avoir lancé quelques décharges d'artillerie, les Prussiens reviennent, vers midi, *déjeuner à Saint-Romain*, aux frais de la municipalité.

13 Janvier. — Quelques cavaliers prussiens circulent aux environs.

14 Janvier. — Les Prussiens sont signalés vers Bolbec et Lillebonne. — Des troupes françaises se portent en avant.

15 Janvier. — Vers onze heures du matin, 150 cavaliers, 200 fantassins environ et 2 pièces d'artillerie, venant de Bolbec, prennent position à environ un kilomètre du bourg et lancent 12 à 15 obus sur le bourg, puis *se retirent sans être inquiétés*.

17 Janvier. — De une heure à deux heures et demie après midi, 50 obus sont lancés par les Prussiens, au nombre de 5 à 600, sur Saint-Romain. Cette attaque est *vigoureusement repoussée* par les francs-tireurs Mocquart, havrais (1), rouennais et du Nord, qui occupaient alors la localité, et qui, a-t-on toujours supposé, ont mis dans la colonne prussienne environ 130 hommes hors de combat. — La retraite des Prussiens sur Bolbec s'est effectuée avec plusieurs voitures chargées de morts et de blessés ; 3 morts sont restés sur le terrain.

Les Français ont perdu 3 hommes et ont eu 8 à 10

---

(1) C'est dans une escarmouche aux environs de Saint-Romain que fut tué Frédéric Bellanger. Il avait conquis le grade de lieutenant aux tirailleurs havrais, commandés par M. Léon Jacquot. Il faisait partie du conseil municipal du Havre.

Le brave Bellanger était un de nos amis. Nous voudrions pouvoir lui consacrer mieux que ces quelques lignes. Bellanger était un cœur vaillant et un esprit droit.

blessés. Plusieurs chevaux ont aussi été perdus de part et d'autre.

Dans ces deux journées, l'armée du Havre a manqué les plus belles occasions de s'emparer de la petite colonne prussienne.

29 Janvier. — L'armistice a complétement débarrassé Saint-Romain des Prussiens, sauf un poste d'observation, qui y est venu en même temps que les commissaires français pour faire respecter la neutralité de la ligne de démarcation.

Les dépenses de toutes sortes : réquisitions, nourriture et pillage, occasionnées par l'invasion prussienne, s'élèvent pour le canton à 77,000 fr., dont 30,000 fr. pour la seule commune de Saint-Romain.

RÉCAPITULATION DE L'INVASION

DANS SON ORDRE CHRONOLOGIQUE.

MANTES. — Attaquée le 23 septembre. Occupée depuis. (Voir Mantes.)

MÉZIÈRES. — Village situé près de Mantes. Brûlé le 23 septembre par les Prussiens.

VERNON. — Première apparition de l'ennemi le 6 octobre. Évacuation définitive le 27 décembre. (Voir Vernon.)

GISORS. — Occupation de la ville depuis le 9 octobre 1870 jusqu'au 20 mai 1871 ; les réquisitions ont été d'autant plus rigoureusement exigées que la garde nationale de Gisors avait, antérieurement au 9 octobre, repoussé bravement l'ennemi.

Le 1ᵉʳ décembre, à la suite de l'affaire d'Étrépagny, les Saxons enterrent dans le cimetière de Gisors, avec une grande solennité, les corps de 21 officiers et sous-officiers qui ont trouvé la mort dans ce combat nocturne.

La ville a dû payer, rien qu'en espèces, 18,000 fr., soit environ 5 francs par tête d'habitant.

HÉCOURT, VILLEGAST. — Le 22 octobre, combat entre deux bataillons d'infanterie, six escadrons de cavalerie et six pièces d'artillerie, du côté des Prussiens, et une colonne française formée d'éclaireurs Mocquart, de mobiles de l'Ardèche, de l'Eure et du Calvados. Après une canonnade de deux heures et une vive fusillade, l'ennemi bat en retraite. 200 Prussiens tués.

FORMERIE (Oise). — Combat dans les rues de cette localité, le 28 octobre. Les Prussiens, repoussés par les soldats du capitaine Dornat, incendient en se retirant le village de Bouvresse.

IVRY-LA-BATAILLE (Eure). — Les 14, 15, 16 et 17 novembre, escarmouches nombreuses entre les francs-tireurs du Puy-de-Dôme, ceux de la Gironde, et quelques gardes nationaux de l'Eure, et des cavaliers allemands.

A Marsilly, près Ivry-la-Bataille, les nôtres supportent le choc de 1,500 Prussiens venus de Dreux. Dans la dernière journée, l'ennemi reçoit des renforts qui portent son effectif à 6,000 hommes et les francs-tireurs, qui, au début de l'action, n'étaient pas plus de 250, sont obligés de se replier, horriblement décimés, après une lutte des plus courageuses.

BRETONCELLES (Orne). — Un détachement de mobiles, le 22 novembre, lutte pendant plus de quatre heures contre des forces ennemies très supérieures en nombre.

NORMANDIE (Eure). — 26 novembre. Un détachement de mobiles, cerné par les Allemands, est secouru par des mobiles de l'Ardèche, accourus de Vernon, qui repoussent l'ennemi jusqu'à son camp retranché de Cravent.

ETRÉPAGNY. — 29 et 30 novembre. Combat de nuit sous les ordres du général Briand. Incendie de 52 maisons par les Saxons.

ROUEN. — Occupation de la ville, qui dure 230 jours, du 5 décembre 1870 au 22 juillet 1871.

DIEPPE. — Occupée le 9 décembre par les Prussiens du baron de Manteuffel, cette ville est frappée de très fortes réquisitions, tant en tabacs qu'en espèces. Le sous-préfet de l'arrondissement, M. A. Chambon, et le premier adjoint, M. Frère, sont faits prisonniers et conduits à Rouen.

Le Havre. — Cette ville, qui a fait pour l'honneur national et pour sa propre défense des sacrifices énormes, reçut dans ses murs la petite armée du général Briand, enlevée par lui à la défense de Rouen (5 et 6 décembre). Les forts de Tourneville et Sainte-Adresse et les redoutes de Sanvic, du Mont-Joly, de la Lézarde, des Acacias, etc., étaient formidablement armés. Une attaque sérieuse de l'ennemi devait avoir lieu le jour même où les préliminaires de la paix furent signés. Le port, ainsi que celui de Fécamp, avait été mis en état de blocus le 15 décembre.

Brionne (Eure). — Engagements de francs-tireurs le 21 décembre ; 200 Prussiens sont repoussés sur Bourgtheroulde.

Duclair. — Le 23 décembre, le général prussien qui commande à Rouen fait couler six navires anglais dans la Seine pour la rendre impraticable aux canonnières du Havre.

Bolbec. — 24 décembre. Combat sérieux entre une forte colonne prussienne et les éclaireurs Mocquart.
D'autres escarmouches, suivies de représailles terribles, ont lieu à diverses dates.
Bolbec est occupé depuis le 9 décembre jusqu'au 30 janvier. (Voir Bolbec.)

Fécamp. — Décembre. Tombé au pouvoir de l'ennemi après la capitulation de Rouen, a eu de fortes contributions de guerre à payer, principalement après la signature de la paix.

Yvetot. — Ville occupée sans relâche par le corps d'armée prussien qui a menacé le Havre. Plusieurs citoyens de cette localité sont faits prisonniers ; deux d'entr'eux sont fusillés.

LA BOUILLE. — Les positions de la Bouille, d'Orival et du Château de Robert-le-Diable, sont enlevées à l'ennemi (30 décembre) par le général Roy.

LA LONDE. — Abandon des positions reconquises dans la presqu'île de la Londe (4 janvier).

SAINT-ROMAIN-DE-COLBOSC. — L'occupation duré depuis le 9 décembre 1870 jusqu'au 29 janvier 1871. (Voir ce chapitre.)

BERNAY. — Le 21 janvier 1871, 150 gardes nationaux environ tiennent tête à quelques milliers d'hommes formant l'avant-garde du corps d'armée du duc de Mecklembourg, et ces 150 gardes nationaux qui n'avaient que leurs fusils et une mauvaise pièce d'artillerie empêchent cette masse d'ennemis, composée de cavalerie, d'infanterie et d'artillerie, d'entrer dans Bernay.

Pareille hardiesse n'a pas été admise par les chefs ennemis, car lorsqu'ils ont occupé Bernay les jours suivants, ils ne voulaient pas croire qu'un si petit nombre de gardes nationaux les eût arrêtés, et ils soutenaient qu'il devait y avoir des troupes régulières et des francs-tireurs.

———

Le département de la Manche n'a pas connu les douleurs de l'invasion ; il s'était, toutefois, mis autant que possible en devoir de tenir tête à l'ennemi. Un comité de défense avait été constitué à Saint-Lô, et un camp retranché s'organisait devant Carentan.

DOCUMENTS

Nous donnons, aux pages 40 et 41, la situation des troupes françaises cantonnées dans la vallée de l'Andelle.

Voici les divers corps qui formaient cette ligne défensive :

Eclaireurs de la Seine (Mocquart), deux bataillons.
Tirailleurs havrais, un bataillon.
Francs-tireurs du Nord, un bataillon.
Eclaireurs rouennais, une compagnie.
Francs-tireurs d'Elbeuf, deux compagnies.
Francs-tireurs des Andelys, une compagnie.
Francs-tireurs de Bolbec, une compagnie.
Fusiliers-marins de Dieppe, une compagnie.
Francs-tireurs de Cherbourg, une compagnie.
Francs-tireurs de Louviers, une compagnie.
Vengeurs du Havre, une compagnie.
Francs-tireurs de l'Orne, une compagnie.
Mobiles des Hautes-Pyrénées, de la Seine-Inférieure, de la Loire-Inférieure, du Pas-de-Calais, de l'Oise ; des troupes de ligne, de la cavalerie, etc.

Une batterie de petites pièces lisses de 4, — dépendant du bataillon des francs-tireurs du Nord, — et servies en grande partie par des Belges.

C'est de mémoire qu'est fait ce relevé. Peut-être y a-t-il quelque omission ; dans ce cas, elle n'est aucunement volontaire.

GARNISON DE GOURNAY.

Du 1er novembre au 23 décembre, à deux heures du matin, voici quelle fut la garnison de Gournay :

5e bataillon de marche, commandant Barrau.

8e bataillon, Pas-de-Calais, commandant Darceau (remplacé le 30 novembre par le 1er bataillon).

Un escadron du 3e hussards.

Le 8, est arrivée une section du 10e d'artillerie.

Vers le 11, est arrivée une compagnie des éclaireurs de la garde nationale d'Elbeuf, capitaine Julien. Cette compagnie a occupé Villers-sur-Auchy pendant huit jours, puis elle a occupé Ferrières.

Nos avant-postes étaient :

Route de Beauvais par Saint-Germer :

Mobiles à la barricade du pont du chemin de fer.

Route de Beauvais par Villers-sur-Auchy :

Jusqu'au 16 ou 17 novembre, éclaireurs d'Elbeuf à Villers-sur-Auchy. Du 17 novembre au 3 décembre, 5e bataillon de marche, côte aux Sapins, position que devait occuper l'artillerie.

Route de Songeons :

Jusqu'au 17, 5e bataillon de marche (une compagnie), à l'extrémité de la ville, au carrefour des routes de Songeons, Ferrières et Gerberoi.

Depuis le 17, éclaireurs d'Elbeuf à Ferrières.

Le quartier général de la vallée de Bray était à Forges (colonel d'Espeuilles, du 3e hussards).

Le poste avancé au nord était Gaillefontaine, occupé par des mobiles, un escadron du 3e hussards, une section d'artillerie du 10e.

DOMMAGES SUBIS PENDANT LA GUERRE.

Un rapport a été présenté par M. Passy à l'Assemblée nationale, au nom de la commission ayant pour objet d'éclairer l'Assemblée sur l'état des départements envahis, et notamment sur les dommages subis par les départements envahis avant le 3 mars 1871.

Ce rapport est suivi d'un état récapitulatif de contributions et des dommages matériels subis pendant l'invasion. Nous y voyons que, pour la France entière, le département de la Seine excepté, les pertes s'élèvent à 708,816,593 fr. 31 c., en y comprenant les sommes remboursées en vertu de la loi du 6 septembre 1871.

Cet état contient encore les renseignements suivants :

SEINE-INFÉRIEURE.

Impôts et amendes payés, 5,376,200 fr. 80 c. ; sommes qui seront restituées, 3,877,375 fr. 54 c. ; sommes ne donnant droit qu'à un dédommagement, 1,498,825 fr. 26 c. ; réquisitions en nature, 4,165,806 fr. 20 c. ; logement et nourriture des troupes, 5,640,542 fr. 49 c. ; vols et incendies, 2,094,515 fr. 51 c.

EURE.

Impôts et amendes, 2,630,262 fr. 75 c. ; sommes qui seront restituées, 1,850,220 fr. 71 c. ; sommes ne donnant droit qu'à un dédommagement, 780,042 fr. 04 c. ; réquisitions en nature, 2,568,180 fr. 04 c. ; logement et nourriture des troupes, 954,455 fr. 71 c. ; vols et incendies, 4,335,301 fr. 70 c.

CALVADOS.

Impôts et amendes, 257,022 fr. 31 c. ; sommes qui seront restituées, 96,401 fr. 19 c. ; sommes ne donnant droit qu'à un dédommagement, 165,621 fr. 12 c. ; réquisitions en nature, 37,199 fr. 92 c. ; logement et nourriture des troupes, 44,081 fr. 85 c. ; vols et incendies, 445,226 fr. 52 c.

RÉPONSE DU GÉNÉRAL BRIAND

AU CONSEIL MUNICIPAL DE ROUEN

ET A M. RAOUL DUVAL

A propos de sa brochure : *Comment Rouen ne s'est pas défendu.*

(Extrait du **JOURNAL DU HAVRE** du 5 janvier 1871.)

« Le jour où nous avons publié le *factum* de M. Raoul Duval : *Comment Rouen ne s'est pas défendu*, et les délibérations du Conseil municipal de Rouen, nous nous sommes fait un devoir d'adresser au général Briand le texte de ces deux documents.

» Le général, personnellement attaqué, devait répondre. En effet, nous avons reçu du général Briand les deux lettres suivantes : »

Saint-Sauveur-le-Vicomte, le 31 décembre 1870.

Monsieur le Rédacteur,

Je vous remercie de m'avoir envoyé votre estimable journal du 25 décembre, où je trouve une déclaration du Conseil municipal de Rouen, relativement à l'occupation de cette ville par l'ennemi, et un *factum* de M. Raoul Duval.

Je dois déclarer que la lecture de ces deux pièces m'a saisi de stupéfaction. Je suis toujours prêt à accepter la responsabilité de mes actes ; je dirai même que je n'éprouve nul embarras à la revendiquer. Mais je ne puis souffrir qu'on altère la vérité et qu'on cherche à m'attribuer un rôle qui n'a pas été le mien.

Dans ces deux pièces, que je pourrais réfuter d'un bout à l'autre, si je n'étais empêché en ce moment par de nombreuses occupations, et surtout par une affection grave de la vue, il y a trois points que je désire relever dès-à-présent.

M. Raoul Duval dit que la ville de Rouen n'a pas été mise dans un état de défense convenable, et que j'aurais même entravé l'action de M. le commandant Mouchez. Or, je demande à cet officier supérieur, dont je me plais à constater les louables efforts et le concours qu'il m'a prêté, comme commandant de la subdivision, je lui demande si j'ai jamais donné un ordre ou une instruction quelconque qui fût de nature à paralyser son action, lorsqu'il était chargé des travaux de défense.

D'un autre côté, si M. Raoul Duval avait pu se rendre compte de la difficulté de la tâche qui m'incombait, comme commandant de la 2e division militaire, que je n'ai commandée, et à deux reprises différentes, que pendant vingt et quelques jours, il aurait pu reconnaître que j'ai fait tout ce qu'il était en mon pouvoir pour organiser mes troupes et préparer la défense, sous l'intelligente impulsion du comité. Je ne parlerai même pas de toutes les préoccupations qui m'ont été causées par le département de l'Eure, ajoutées à mon commandement dans un moment difficile. Pendant tout le temps que j'ai passé à Rouen, je n'ai eu ni un jour, ni une nuit de repos.

M. Raoul Duval pense que j'aurais dû être à Buchy au lieu d'être à Rouen. Qu'il sache bien que celui qui livrait, quatre jours auparavant, le combat d'Etrépagny, avec une partie des troupes de la vallée de l'Andelle, n'aurait jamais confié à personne la mission de conduire ses troupes devant l'ennemi, s'il n'avait été retenu à Rouen par un impérieux devoir. Au moment où se préparaient les événements de Forges et de Buchy, j'organisais, non sans de grandes difficultés, une colonne de vingt mille hommes, que le gouvernement m'ordonnait de conduire sous Paris, et cette colonne aurait été réunie à Vernon, le 4 décembre, jour de l'affaire de Buchy, si le contre-ordre pour ce mouvement ne m'était arrivé dans la nuit du 3 au 4, nuit que j'ai dû passer à expédier de nouvelles instructions dans le département de l'Eure et dans la vallée de l'Andelle, qui devait fournir les troupes appelées à composer ce corps expéditionnaire. Voilà pourquoi je ne pouvais être ni à Forges, ni à Buchy, et pourquoi j'ai dû envoyer M. le commandant Mouchez pour prendre la direction des opérations de ce côté. C'est le jour même du combat d'Etrépagny, et dans la soirée, c'est-à-dire le 30 au soir, que je recevais à Fleury une dépêche du gouvernement, m'enjoignant de former immédiatement une colonne pour marcher sur Paris.

Quant à l'insinuation de n'avoir pas défendu Rouen, je ne dirai que ceci : Je me suis toujours prononcé pour la résistance à outrance; tous les chefs de corps et autres officiers qui ont reçu mes instructions pourront affirmer si j'y étais disposé, et comment j'ai passé la nuit du 4 au 5 décembre. Mais quand, à quatre heures du matin, heure convenue pour l'appel aux armes, j'ai trouvé la ville endormie, les rues désertes, et après avoir vainement attendu une demi-heure qu'on battit la générale (je me suis moi-même rendu au poste de la Préfecture, croyant y trouver des tambours), j'ai pensé, avec tous ceux qui m'entouraient, que la ville n'était pas résolue à la résistance. Dans le courant de la nuit, M. le maire vint me dire, à l'hôtel de la Division, qu'on ne sonnerait pas le tocsin, à cause de l'alarme et de l'émoi que cela pourrait jeter dans la population. Cette détermination me parut au moins extraordinaire dans une circonstance si grave pour la ville de Rouen.

C'est pourquoi j'ai dû penser, à quatre heures du matin, qu'on

ne battrait pas plus la générale qu'on n'avait sonné le tocsin.
C'est donc en présence de ce silence bien significatif que j'ai
dû prendre une résolution immédiate. J'ai prescrit alors à mes
officiers de se porter, avec toute la célérité possible, à la ligne
de défense, et de donner l'ordre aux troupes qui s'y trouvaient
de battre en retraite; il n'y avait plus un moment à perdre,
afin d'ôter à l'ennemi la possibilité de nous inquiéter.

Pendant que mes officiers couraient à la ligne de défense, je
me rendis à la Mairie, où, m'adressant au maire, je lui dis :
« Je viens d'envoyer l'ordre aux troupes de se retirer et d'évacuer
la ville, car je n'ai pas trouvé le concours énergique que j'attendais. »

M. le maire me dit qu'on battait la générale; je répondis :
« Il est possible qu'on la batte maintenant (il était alors près
de cinq heures), mais j'ai vainement attendu plus d'une demi-
heure ce suprême appel aux armes. »

Je n'ai pas pu dire, ainsi que l'avance la déclaration du
Conseil municipal, que des renseignements nouveaux sur la
force de l'ennemi me déterminaient à ordonner la retraite, car
je n'avais reçu, pendant la nuit, aucun renseignement de cette
nature.

Je déclare donc, encore une fois, que le mouvement de
retraite n'a été ordonné que parce que la ville n'a pas répondu,
à l'heure convenue, à l'appel solennel que j'attendais.

Dans de telles nuits, on ne dort pas, et tout le monde ne
doit-il pas être debout à l'heure dite?

Quant à la députation qui serait venue, le matin encore, me
demander mes dernières résolutions, je suis certain de ne pas
l'avoir reçue à l'hôtel de la Division.

Le Conseil municipal veut, sans doute, faire allusion à la
démarche que fit auprès de moi M. Barrabé, qui, vers sept
heures du matin, ou huit heures, au moment où la plus grande
partie de mes troupes avait déjà passé la Seine, et où il n'était
plus temps de revenir aux lignes de défense, vint me trouver
avec quelques citoyens énergiques, devant la porte de l'hôtel,
et me dirent : « Eh bien ! général, vous nous abandonnez? »
Je leur répondis : « Personne ne pourra accuser le général
Briand d'avoir abandonné la ville de Rouen, car, à quatre
heures du matin, il était à cheval, avec ses officiers, résolus à
la défendre. »

Ce furent, je crois, mes dernières paroles, et presque aussitôt
après, vers huit heures, je crois, je remontai à cheval pour surveiller le mouvement de mes troupes, et je ne quittai le faubourg
de Rouen qu'après m'être assuré que le régiment de cavalerie
qui formait l'arrière-garde avait pu se mettre en marche.

Je vous prie, monsieur le rédacteur, d'accorder l'hospitalité
des colonnes de votre journal à cette lettre, déjà longue, et qui

n'est cependant qu'une réfutation incomplète des deux pièces que j'ai citées plus haut.

Veuillez agréer, etc.

Le général commandant le 19° corps d'armée,
BRIAND.

Saint-Sauveur-le-Vicomte, le 3 janvier 1871.

Monsieur le Rédacteur,

J'ai commis une erreur, et je vous prie de m'excuser, si je ne vous ai pas adressé directement une lettre, qui a dû paraître dans le journal le *Havre*. Ce journal m'a été remis en même temps que votre lettre, et c'est ce qui a causé ma méprise: croyant vous répondre, j'ai répondu à M. le rédacteur du *Havre*, à qui je sais également gré de m'avoir adressé son journal.

Ma réponse à d'injustes et inqualifiables attaques pourra être reproduite par vous, car vous êtes de ceux qui ne croient pas que j'aie voulu jouer la comédie d'avoir affirmé que je voulais défendre Rouen sans y être résolu.

A qui voudra-t-on faire croire que celui qui, quatre jours avant l'affaire de Buchy, enlevait Etrépagny à la tête des francs-tireurs des Andelys et du bataillon du commandant Roussel, qui sont encore dans vos murs, ait voulu sacrifier sans défense la ville de Rouen?

Comment! j'aurais tenu dans mon cabinet, pendant une grande partie de la nuit du 4 au 5, tous les commandants de troupes, pour leur indiquer leur place à la ligne de défense, et cela avec l'intention de les faire replier ensuite sans combattre? Franchement, on ne se défend pas contre de telles imputations. J'ai indiqué la cause de la retraite de mes troupes : elle réside, je le répète, dans le silence qui régnait autour de moi, à quatre heures du matin, le 5 décembre, quand cette heure avait été désignée pour le suprême appel aux armes.

Ce n'était pas à moi à faire sonner le tocsin, ni à faire battre la générale. Mais mes officiers savent si j'en ai attendu impatiemment le signal.

Veuillez agréer, monsieur le rédacteur, l'assurance de mes sentiments bien distingués.

Le général commandant le 19° corps d'armée,
BRIAND.

RÉPONSE

A la lettre publiée par le général BRIAND, dans le *Journal du Havre*
du 5 janvier 1871.

**(Extrait du procès-verbal de la Séance du Conseil municipal de Rouen
du 11 janvier 1871.)**

M. le Maire donne la parole au rapporteur de la commission chargée de l'examen de la réponse à faire à la lettre publiée par le général Briand, dans le *Journal du Havre* du 5 janvier 1871. Ce rapporteur s'exprime ainsi :

Messieurs,

Dans la séance du 7 de ce mois, M. le maire donnait connaissance au Conseil municipal d'une lettre adressée par le général Briand au *Journal du Havre*, et publiée dans le numéro du 5 janvier. C'est la réponse que le général a jugé convenable de faire à la déclaration du Conseil municipal de Rouen.

Les allégations de M. Briand ont causé et dû causer au Conseil un étonnement assurément mieux justifié que celui que le général dit avoir éprouvé à la lecture des documents auxquels il veut répondre.

Vous avez pensé, messieurs, que la dignité et l'honneur du Conseil, intimement unis à la dignité et à l'honneur de la ville de Rouen, exigeaient que la publication du général Briand ne restât pas sans une réponse destinée à rétablir la vérité des faits. Vous avez renvoyé ce projet devant une commission, afin d'arrêter les termes de la protestation. Notre mission doit se limiter à ce qui, dans la lettre en question, s'adresse à la déclaration du Conseil municipal, non pas que nous ayons à porter la moindre atteinte aux faits constatés dans une brochure signée par l'un de nos honorables collègues, mais parce qu'un corps délibérant comme le nôtre se doit à lui-même de se borner à constater les faits qui lui sont propres et d'éviter tout ce qui pourrait être considéré comme de la polémique.

La commission a été unanime pour penser que la lettre de M. le général Briand a déjà sa réfutation dans nos procès-verbaux.

Cependant, il n'est pas inutile, en présence de nouvelles insinuations, de rétablir de nouveau la vérité.

Le Conseil, par ses premières publications, a déjà réduit à néant ces accusations insensées de capitulation honteusement préméditée et non moins honteusement soldée, dont les éditeurs primitifs n'oseraient plus eux-mêmes reproduire l'insinuation.

Tous ceux qui ont lu nos procès-verbaux savent aussi que, si la ville de Rouen n'a pas été défendue, c'est que l'autorité militaire, seule compétente, a jugé la défense impossible. Il faut, pour compléter la démonstration, établir que le général Briand a seul assumé la responsabilité de cette décision, en s'engageant formellement à la défense, jusqu'à l'annonce d'une retraite subitement produite par lui, le 5 décembre, à cinq heures du matin.

Les procès-verbaux constatent, et le général Briand ne méconnaît pas que, dans la séance du 4 décembre 1870, à laquelle il assistait, le Conseil a résumé sa volonté dans cette motion, adoptée à l'unanimité : « Le Conseil met aux ordres du général toutes les forces dont la ville dispose, et déclare s'en remettre à lui pour la défense, parce qu'en défendant son honneur militaire, le général défendra l'honneur de la ville de Rouen. »

Les procès-verbaux constatent, en outre, et le général Briand ne méconnaît pas davantage qu'il a déclaré aussitôt qu'il allait s'installer aux lignes de défense, après avoir consulté ses officiers.

Le Conseil affirme qu'à partir de ce moment, l'autorité municipale, en accordant tout le concours qui pouvait dépendre d'elle, a dû s'en remettre à l'autorité militaire, qui avait promis de se disposer à une résistance énergique.

Le général invoque une seule cause pour justifier l'abandon subit de la défense. La générale n'aurait pas été battue, ou elle aurait été battue avec une demi-heure de retard !

Le Conseil affirme que la générale a été battue, le 5, à quatre heures du matin, et que les gardes nationaux ont, comme toujours, répondu courageusement à cet appel, en se rendant sur leurs places d'armes.

Il affirme qu'alors que le général Briand avait encore assuré au maire et au préfet, à l'hôtel de la Division, à quatre heures du matin, qu'il allait partir avec ses troupes pour se rendre aux lignes de défense, ce général est arrivé à cinq heures, à l'Hôtel-de-Ville, où était retourné M. le maire, et en déclarant la défense impossible et la retraite nécessaire. Cependant, le général est obligé de reconnaître, dans sa lettre, qu'à ce moment même l'on battait la générale. Et ce faible retard aurait transformé la défense promise en une retraite précipitée, alors qu'il était cinq heures du matin, et que l'ennemi n'a pénétré dans la ville que vers deux heures après midi !

Le corps municipal, amèrement déçu, délégua, vers six heures du matin, auprès du général, deux de ses membres, dont l'un adjoint, MM. Barrabé et Lafond, auxquels se joignit M. Flaubert, pour connaître ses dernières résolutions. Ces messieurs, qui n'entrèrent pas, à la vérité, à l'hôtel de la Division, parce que le général se disposait à monter à cheval à la porte, mais qui interpellèrent le général, avec une vivacité qu'explique la situation, revinrent à sept heures, avec des délégués de la garde nationale qui les avaient accompagnés. Ils déclarèrent tous avoir trouvé le général Briand quittant la ville et opposant un refus

formel à la prière faite par M. Barrabé de revenir sur sa détermination de battre en retraite.

Cette courte conversation, qui a été à l'instant rapportée par
M. Barrabé et ses collègues, se résumait dans ces termes : « Eh
bien ! général, vous nous abandonnez ! C'est sur vous que tom-
bera toute la responsabilité. »

« — Je l'accepte, » répondit le général.

Peu de temps après, le préfet, venu à la séance du 5 décembre,
au matin, confirma lui-même tous ces faits, en ajoutant que la
conduite du général Briand avait pu être déterminée par des
motifs d'humanité.

Cependant, aucun fait nouveau de nature à expliquer le chan-
gement de conduite du général ne s'était produit; non seulement la générale avait été battue, mais la garde nationale était
déjà réunie, prête à faire son devoir.

Il résulte de là que, pendant que le corps municipal comptait
sur les promesses de défense du général, la retraite avait été
arrêtée à l'avance dans l'esprit de l'autorité militaire, puisque
les troupes, qui étaient restées aux lignes de défense, étaient
rappelées par elle et arrivaient à Rouen, dès six heures du
matin, en se repliant, après avoir franchi les huit kilomètres
qui séparent la ville de la ligne de défense, et elles déclaraient,
à leur arrivée sur la place de l'Hôtel-de-Ville, qu'elles marchaient depuis deux heures, ce qui prouve que l'ordre de retraite
était parti de Rouen vers trois heures.

Le général Briand donne, nous l'avons dit, à sa retraite, une
seule cause, dont les faits font bien vite justice. « Le mouvement de retraite n'a été ordonné, dit-il, que parce que la ville
n'a pas répondu, à l'heure convenue, à l'appel qu'il attendait. »
Il serait facile de répondre que, dans une ville placée en état de
guerre, qui a l'ennemi à ses portes, qui a remis sa défense à un
général, c'est au chef militaire qu'incombent les mesures à
prendre pour appeler les troupes sous les armes; mais, en outre,
M. Briand s'était chargé de faire battre la générale, comme l'a
déclaré M. le maire, dans la séance du 5 décembre.

D'ailleurs, peut-il être douteux qu'en fait, la générale ait été
battue à quatre heures du matin? Tous nos concitoyens sont là
pour l'affirmer.

La délégation de la garde nationale, qui se présentait, le
5 décembre, à sept heures du matin, au Conseil municipal,
déclarait, par l'organe de M. Homais, officier d'état-major de la
garde nationale, que le commandant Estancelin les avait quittés,
la veille au soir, en annonçant que la générale serait battue à
quatre heures du matin, *ce qui a eu lieu*, affirmait M. Homais.
« La garde nationale, ajoutait-il, s'est réunie; mais elle a appris
que l'autorité militaire avait donné l'ordre aux troupes de se
retirer par la route de Caen. »

Le seul motif par lequel le général cherche à expliquer sa re-

traite tombe devant des faits aussi positifs et dont l'ensemble
ne peut permettre d'hésitation à personne, et ces faits ne peuvent être méconnus par le général. Il sait, en effet, que, dans
la nuit du 4 au 5, M. le maire lui dit que tous ses tambours
étaient partis aux lignes de défense, et qu'il répondait au maire :
« J'ai des tambours ; c'est mon affaire. »

C'est donc lui qui a dû donner ses ordres. Au besoin, dix mille
témoins attesteraient qu'à quatre heures, on a battu la générale.

A quatre heures, M. Cordier, membre du Conseil municipal,
habitant la place Cauchoise, et M. E. Fauquet, aussi conseiller
municipal, demeurant rue de Crosne, près de la division militaires, étaient réveillés par la générale.

A quatre heures un quart, M. Barrabé, adjoint, demeurant
rue Eau-de-Robec, près du boulevard Saint-Hilaire, sortant de
chez lui, au bruit de la générale, expliquait, à des voisins qui
s'enquéraient des événements, qu'il s'agissait d'un mouvement
de troupes.

A quatre heures un quart, M. Thubeuf, premier adjoint, était
à la division militaire ; le général Briand se plaignait qu'on ne
battit pas la générale ; M. Thubeuf répondit : « Mais écoutez
donc, général, on la bat depuis un quart-d'heure. » A quoi le
général Briand répliqua : « On la bat faiblement. »

Le fait est d'ailleurs constaté par les chefs même de la garde
nationale de Rouen, de Monville et d'Yvetot, que le général
Briand qualifie lui-même de *citoyens énergiques*, et qui sont
venus attester dans le sein du Conseil municipal de Rouen, par
l'organe de M. Homais, qu'on a battu la générale à quatre
heures, et que la garde nationale s'est réunie.

Ces faits ne sont, du reste, que la confirmation de ce qui a été
constaté par le procès-verbal de la séance du 5 décembre, où on lit :

« M. le maire, en présence de M. Desseaux, préfet, expose la
situation : il dit, entre autres choses, qu'à quatre heures, le
général disait encore qu'il fallait se défendre. Mais, à cinq
heures, M. le général Briand arrive à l'Hôtel-de-Ville, où était
retourné M. le maire qui se trouvait en ce moment avec ses
adjoints. Le général leur déclara que la défense était impossible ; qu'il lui fallait battre en retraite ; il ajouta que ses troupes
étaient ici dans une souricière, et qu'il ne voulait pas les faire
prendre.

» M. le préfet prend la parole et ajoute que « sa présence au
» sein du Conseil confirme tout ce que vient de dire M. le maire.
» La responsabilité de l'administration et du Conseil municipal
» est complétement à couvert. L'autorité supérieure adminis-
» trative en est également dégagée par la conduite qu'a tenue
» l'autorité militaire. »

» C'est à la suite de ces déclarations que M. le préfet, ne pouvant pas faire lui-même une proclamation, parce que ses bu-

reaux sont désorganisés, s'associe à celle du Conseil municipal et l'adopte, après y avoir, de sa main (la minute est aux archives), introduit une modification. Et cette proclamation constate que le matin, à quatre heures, la garde nationale, au son de la générale, s'assemblait sous les armes. »

Ce n'est donc pas seulement la délibération du Conseil municipal qui l'atteste ; c'est l'affirmation des chefs de la garde nationale ; c'est l'acte même de la garde nationale se levant à quatre heures au son de la générale ; c'est la parole grave, austère, de la sincérité de laquelle personne n'a jamais douté, c'est la parole de M. Desseaux, préfet de la Seine-Inférieure, qui imprime aux constatations du Conseil le cachet de la vérité la plus authentique.

Il est donc faux que la générale n'ait pas été battue de quatre heures à quatre heures et demie du matin.

Il est faux que la garde nationale n'ait pas répondu à cet appel, car, lorsqu'à cinq heures du matin le général Briand est venu à l'Hôtel-de-Ville notifier à M. le maire sa dernière résolution, la place était déjà couverte d'un certain nombre de gardes nationaux prêts à faire courageusement leur devoir.

Il est faux et il n'est pas sérieusement soutenable qu'un prétendu retard d'une demi-heure dans cet appel ait été ni pu être la cause vraie de son mouvement de retraite.

Ce qui reste et doit rester établi et au-dessus de toute contestation pour tout homme de bonne foi, c'est que, comme le préfet, le corps municipal est resté, jusqu'à cinq heures du matin, le lundi 5 décembre, dans la conviction que les résolutions de défense arrêtées la veille et maintenues encore une heure auparavant seraient exécutées.

Il n'y aurait ni manque de loyauté, ni défaut de courage pour un chef militaire, à avouer son impuissance de défendre la ville, si le gouvernement, par des raisons supérieures à la défense locale, ne lui a pas fourni les forces nécessaires. Cet aveu n'eût-il pas mieux valu que de rejeter faussement les torts sur une municipalité qui a été trompée jusqu'au dernier moment sur la possibilité de la défense? Cette défense, la ville n'a jamais cessé de la provoquer, depuis la fin d'août jusqu'au 5 décembre ; elle la maintenait encore en insistant, dans les quatre jours qui ont précédé l'invasion, par voie de dépêches télégraphiques concertées entre le préfet et le maire, sur la nécessité de conserver à Rouen les troupes placées sous les ordres du général et que le gouvernement voulait diriger sur Paris.

C'est donc pour des causes absolument indépendantes de l'administration et du Conseil municipal, dépouillés de toute action et de toute initiative militaires, que la défense n'ait pas été tentée.

Telles sont, messieurs, les termes de la délibération que la commission a l'honneur de soumettre à votre approbation, en vous proposant de décider que cette délibération sera publiée et envoyée aux journaux du Havre, avec invitation de la reproduire en réponse à la lettre du général Briand.

Le Conseil adopte ce rapport à l'unanimité.

Pour extrait conforme :

Le Maire de Rouen,
E. NÉTIEN.

EXTRAITS DU *MONITEUR OFFICIEL A ROUEN*

JOURNAL DES AUTORITÉS PRUSSIENNES.

(H. BOISSEL, imprimeur à Rouen.)

NOTIFICATION.

Les habitants du département sont prévenus que, dans les villages situés sur la rive gauche de la Seine, il s'est opéré des recrutements militaires. Environ 100 conscrits ont été arrêtés par l'autorité militaire prussienne et transportés en Allemagne, comme prisonniers de guerre.

Rouen, le 12 décembre 1870.

Le Préfet, H. CRAMER.

RÉQUISITION TEMPORAIRE DE VOITURES ET DE CHEVAUX.

Les communes ci-après désignées de l'arrondissement de Rouen sont requises de fournir à l'armée prussienne le nombre de voitures, chevaux et cochers, dans la proportion qui suit :

Nos	Communes.	Chevaux.	Voitures et Cochers.
1.	Elbœuf	30	15
2.	Sotteville-lès-Rouen	20	10
3.	Caudebec-lès-Elbœuf	20	10
4.	Darnétal	20	10
5.	Petit-Quevilly	20	10
6.	Déville	20	10
7.	Oissel	20	10
8.	Saint-Pierre-lès-Elbœuf	16	8
9.	Le Boisguillaume	12	6
10.	Canteleu	12	6
11.	Pavilly	12	6
12.	Barentin	12	6

Nos	Communes.	Chevaux.	Voitures et Cochers.
13.	Maromme	12	6
14.	Monville	12	6
15.	Duclair	12	6
16.	Le Mont-Saint-Aignan	12	6
17.	Notre-Dame-de-Bondeville	12	6
18.	Saint-Étienne-du-Rouvray	12	6
19.	La Bouille	10	5
20.	Grand-Couronne	10	5
21.	Grand-Quevilly	10	5
22.	Blosseville-Bonsecours	10	5
23.	Malaunay	10	5
24.	Le Houlme	10	5
25.	Boos	8	4
26.	Buchy	8	4
27.	Clères	8	4
28.	Amfreville-la-Mivoie	8	4
29.	Ry	8	4
30.	Fontaine-le-Bourg	8	4
31.	Le Mesnil-Esnard	6	3
		400	200

Ces 200 voitures devront, autant que possible, être à quatre roues.

Elles devront être rendues à Rouen, le *Vendredi 16 Décembre*, à neuf heures du matin, sur la place du Champ-de-Mars, pour être mises à la disposition de l'armée prussienne.

Les cochers devront prendre les mesures nécessaires, relativement à leur personne, pour se diriger vers Paris. A partir du moment où les voitures seront livrées au lieu indiqué ci-dessus, les cochers et les chevaux seront nourris aux frais de l'armée.

Des conducteurs prussiens seront chargés de veiller sur les cochers et les voitures et à la restitution de ces dernières à leurs propriétaires.

Les communes qui ne donneront pas suite immédiatement et entièrement à la réquisition ci-dessus mentionnée sont prévenues qu'on se procurera à leurs frais tout équipage qui manquera, et qu'elles auront à subir, en outre, une amende triple de ces frais.

Fait à Rouen, en l'hôtel de la Préfecture, le 12 décembre 1870.

Le Préfet, H. CRAMER.

NOTIFICATION.

Un certain nombre de journaux français se rendant coupables des insultes les plus grossières envers la personne de S. M. le roi de Prusse, je me crois obligé d'en interdire la vente d'une manière absolue dans la ville de Rouen et dans le département, et préviens le public qu'à partir d'aujourd'hui, les mesures les plus sévères seront prises, non seulement à l'égard des colporteurs, *mais encore à l'égard des personnes qui se procureraient des journaux* de toute autre manière que par la poste prussienne.

 Rouen, le 27 janvier 1871.

Le Préfet, baron DE PFUEL.

DÉPÊCHE OFFICIELLE.

Versailles, le 7 février.

M. Gambetta a donné sa démission.

Pour copie conforme,

Le Préfet, baron DE PFUEL.

AVIS.

Le public est prévenu que les lettres pour Paris ne sont reçues qu'au seul bureau de poste, avenue de Paris, 19, à Versailles.
Le prix du port est fixé à 20 centimes par lettres simples.
L'affranchissement est obligatoire.
Il faut que les lettres soient ouvertes (non cachetées).

L'administrateur des postes dans les territoires français occupés,

ROSSHIRT.

DÉPÊCHE OFFICIELLE.

23 février.

L'armistice est prolongé jusqu'au 26 février, à minuit.

Le Préfet, baron DE PFUEL.

Le préfet du département de l'Orne, résidant à Alençon, est chargé de l'administration de la partie du Calvados occupée par l'armée allemande.

Versailles, le 23 février 1871.

Le Commissaire civil du gouvernement du Nord de la France,

DE NOSTITZ-WALWITZ.

Le comte de Linden, conseiller de légation de S. M. le roi de Wurtemberg, est nommé préfet de l'Orne.

DÉPÊCHE OFFICIELLE

Versailles, le 26 février.

Les préliminaires de la paix ont été signés ce soir.

Pour copie conforme,

Le Préfet, baron DE PFUEL.

L'évaluation suivante des forces prussiennes et françaises, faite par l'état-major allemand, ne manque pas d'un certain intérêt. Nous ferons remarquer, toutefois, que ces chiffres ont été contredits par tous nos généraux :

Certains journaux français ne se lassent de répéter que les troupes allemandes n'ont dû leurs victoires dans cette guerre qu'à une écrasante supériorité numérique, tandis qu'au moins une fois sur deux l'avantage du nombre était du côté des Français. Les chiffres authentiques ont déjà été publiés; nous en rappelons quelques-uns. — A Gravelotte, il y avait 270,000 Allemands contre 210,000 Français; à Sedan, 210,000 Allemands contre 150,000 Français; dans la troisième bataille d'Orléans, 120,000 Allemands contre 180,000 Français. A Mars-la-Tour, 45,000 Prussiens, tout au plus, ont tenu tête depuis huit heures du matin jusqu'à quatre heures du soir, d'abord contre 160,000 et, vers midi, contre presque 200,000 Français. Récemment, devant Belfort, tout au plus 30 à 36,000 Prussiens et Badois ont tenu contre 90 à 120,000 Français. — A Bapeaume, la situation était analogue. Dans la dernière sortie exécutée par la garnison parisienne, les troupes allemandes se sont trouvées de même avoir à lutter contre un ennemi qui leur était trois fois supérieur en nombre. Enfin, devant Dijon, 6,000 Prussiens ont combattu contre les 40,000 hommes de Garibaldi.

PUBLICATION.

Le matelot Victor Sabot, de Rouen, qui, le 18 février, au soir, a traîtreusement attaqué et blessé, à l'aide d'un couteau, un soldat prussien du régiment de grenadiers du prince royal, dans la rue Eau-de-Robec, n° 1, a été condamné à mort, le 1er mars, par un conseil de guerre.

Le jugement, confirmé le 2 mars, a reçu son exécution le 4 du même mois.

Rouen, le 6 mars 1871.

Le tribunal militaire royal de la 1re division d'infanterie.

Rouen, 10 mars.

Le gouvernement général du Nord de la France est transféré,
depuis hier 9 mars, à Rouen.

———

AVIS.

Le Préfet allemand, chargé de l'administration civile du
département de la Seine-Inférieure, informé que des circulaires
et des instructions émanant de l'administration civile du Havre
sont adressées aux maires des communes situées dans la partie
du territoire de ce département placée sous sa direction, rappelle à MM. les maires des arrondissements de Rouen, de
Dieppe, de Neufchâtel et d'Yvetot, et des cantons de Bolbec, de
Fécamp et de Lillebonne (arrondissement du Havre) qu'aux
termes du paragraphe 1er de l'article 8 des préliminaires du
traité de paix, ils restent placés sous son autorité.

Il demeure, par suite, entendu que MM. les maires des communes comprises dans la circonscription indiquée ci-dessus devront, sous peine d'amende, considérer comme nuls et non
avenus tous les actes administratifs qui leur seraient transmis
par l'autorité civile française du Havre.

Rouen, le 13 mars 1871.

Le Préfet, baron DE PFUEL.

———

17 mars.

AVIS.

Le Préfet de la Seine-Inférieure informe MM. les maires que
l'abonnement au *Moniteur Officiel* expirant aujourd'hui 17 mars
ne devra pas être renouvelé ; mais il rappelle en même temps
à ces fonctionnaires que ceux d'entre eux qui n'ont pas encore
payé leur abonnement pour le mois de février et la première
quinzaine de mars seront imposés à une amende de 10 fr. s'ils
n'ont pas acquitté cette dette dans un délai de quarante-huit
heures à partir de ce jour.

La publication du *Moniteur officiel* devant cesser le 18 de ce mois
tous les actes de l'autorité administrative allemande seront
adressés, à l'avenir, à MM. les maires, soit manuscrits, soit
imprimés.

Le Préfet, baron DE PFUEL.

TABLE DES MATIÈRES

ROUEN — IMP. DE LÉON BRIÈRE.

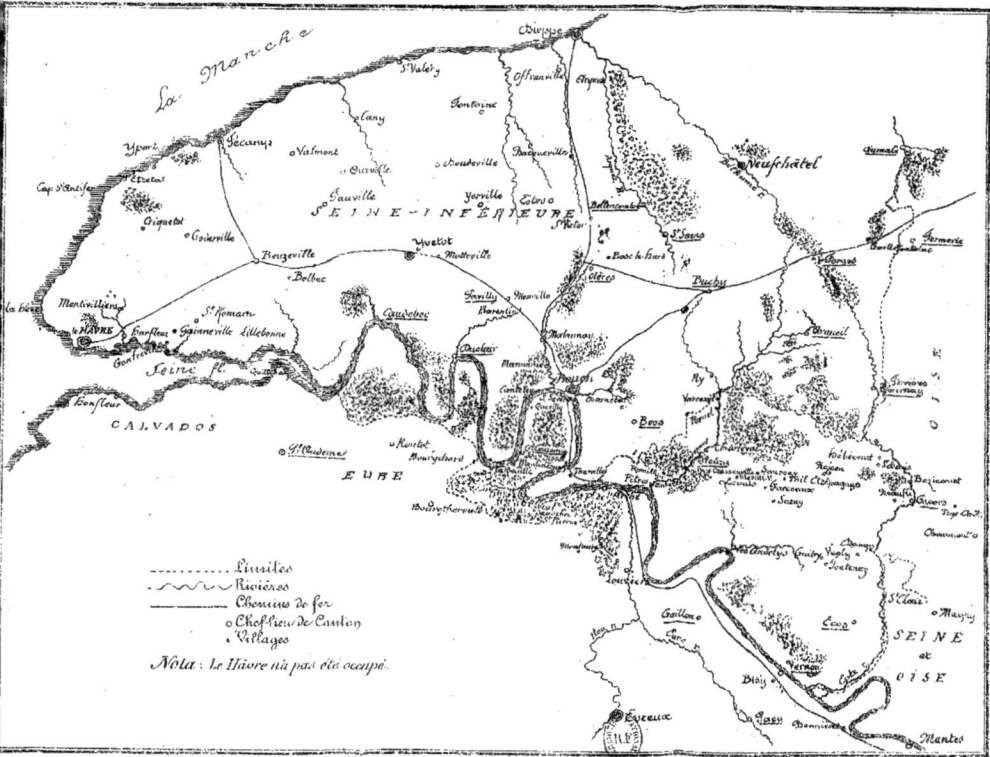

La Manche

Dieppe

St Valéry

Cany

Fontaine

Offranville

Arques

St Valéry

Yport

Fécamp

Valmont

Ourville

Doudeville

Bacqueville

Neufchâtel

Aumale

Cap d'Antifer

Étretat

Criquetot

Goderville

Gauville

Yvelotte

Étés

Bellencombre

St Saens

Gournay

Bosmelet

Montivilliers

Bolbec

Yvetot

Motteville

St Romain

Harfleur Gainneville Lillebonne

le HAVRE

Seine Fl.

Caudebec

Savilly

Manville

Pavilly

Bosc le Hard

Duchy

Corneil

St Clair

Clères

Honfleur

CALVADOS

SEINE-INFÉRIEURE

EURE

St Claudemes

Duclair

Malaunay

Boos

Ry

Vascœuil

Hébécourt

Étrépagny

Gisors

Bezincourt

Chaumont

Andelys

Cocy

SEINE et OISE

Évreux

Vernon

Bonnières

Mantes

www.ingramcontent.com/pod-product-compliance
Lightning Source LLC
Chambersburg PA
CBHW071801090426
42737CB00012B/1898